6歳までの「ことばの遅れ」の不安が消える

「お口とことば」を育てる13のレッスン

共著
歯学博士・医療法人社団ゆずか理事長 上里聡
言語聴覚士 山田有紀

監修
高松大学教授・元九州保健福祉大学教授 笠井新一郎

現代書林

はじめに

本書を手に取っていただきありがとうございます。この本を手に取られた方は、おそらくお子さんの「ことばの発達」に何らかの不安を抱えている親御さんだと思います。大切なお子さんが発達していくにあたり、「ことばの習得」はどの親御さんにとってても重要な関心事の一つです。

私は香川県の坂出市で矯正歯科クリニックの院長を務めています。当院は子どもから大人まできれいな歯並びを作る矯正専門の歯科医院です。

矯正歯科は、将来むし歯や歯周病にならないための究極の予防歯科になります。また最新の機器も取りそろえ、口腔内から全身の健康状態をチェックし、適切なアドバイスなどもさせていただいております。

さらに、言語聴覚士も常勤して「言語療法」にも取り組んでいます。

国内で言語聴覚士が常勤している歯科医院はそれほど多くありません。「なぜ、歯科医院に言語聴覚士が？」と、疑問を持たれる方もいらっしゃるでしょう。

実は歯並びは、ことばと密接に関係しています。

例えば、先天性の障害である「口唇・口蓋裂」のお子さんは、現在適切な治療を受けることで、機能面でも審美面でも遜色なく日常生活を送ることができるようになっていますが、その治療の一環として保険適用で矯正歯科治療を行います。私は口唇・口蓋裂のお子さんの矯正歯科治療も多数行っています。

この経験の中で、お子さんの発語が不明瞭だったり、ことばがなかなか出てこないといった、いわゆる「言語障害」の原因は、歯並びが悪かったり、口腔内の発達が不十分であることと関係しているケースが多いことを知っていました。

ことばが遅れるだけでなく、上手に食べられない、どうしても食べてくれない食材がある、食事に時間がかかりすぎるといった摂食嚥下の問題も、歯並びや口腔内の発達と関係していることが多いのです。

私は地域のお子さんの1歳6か月児健診や3歳児健診にも関わっていますが、歯並びや口腔内の問題のせいで、言語障害や摂食嚥下問題を抱えているお子さんが増えていることを懸念しています。

もちろん言語障害の原因は、歯並びや口腔内の問題だけではなく、脳の機能障害が原因であることが多いのですが、そうであっても歯科医師と言語聴覚士が連携することで、お子さんや親御さんをサポートできることはとても多いのです。

お子さんの「言語障害」は一般的に地域の福祉サービスや療育サービスなどに相談するケースがほとんどだと思いますが、地域にたくさんある歯科医院で親御さんが気軽に相談できたら、とても喜ばれるのではないか？ 歯科医師としてもっと困っている親御さんの力になれるのではないか？ そのような思いから、当院では言語聴覚士と連携して「ことばのきょうしつ」などを行っているのです。

本書を読まれた親御さんが、少しでも不安を解消し、日常生活でのヒントを得ていただければこれほど嬉しいことはありません。

なお、本書のＰＡＲＴ１～４は、当院に勤務する言語聴覚士の山田有紀と共同執筆しました。

２０２１年４月

歯学博士　上里　聡

目次

PART 2

「ことばの遅れ」にはいろいろな原因がある

PART 3

【症例報告】「ことばの遅れ」はここまで良くなる

PART 4

お子さんとお母さんが楽しみながらできる「お口とことばを育てるレッスン」

PART 5

歯医者さんが伝えたい「口を育てる」ことの大切さ

PART 1

子どもの「ことばの遅れ」が心配

もしかしてうちの子、ことばが遅いかも!?

インターネットでさまざまな情報に簡単にアクセスできる現代は、どのお母さんたちも勉強熱心で知識が豊富です。その分、愛する我が子を他の子どもと比べて「普通かどうか」を気にする傾向も非常に強くなっているように感じています。

例えば、他の子どもと比べて体が小さい・大きい。太っている・痩せている。ミルクをよく飲む・飲まない。寝る時間が多い・少ないなど……。あらゆることを比較し、我が子が「普通」や「標準」の範囲に収まっていることを切に望み、また「普通」や「標準」の範囲にいることでしか安心を得られないお母さんも増えているようですね。

その一つに「ことば」があります。

「ことば」が「普通」かどうか（そもそもことばが普通、ということの基準が曖昧ですが）は、我が子の一生を左右することのように思われており、少しでもお子さんのことばが「遅れている」と感じると、ナーバスになったりパニックになったりするお母さんがとても多いのです。

「ことばの遅れ」とは、言語理解や発話が同年代の子よりも遅れることをいいます。つまり、「ことばが理解できていない」「ことばかけに対する反応がよくない」「話しはじめる年齢が他の子どもより遅い」などということです。

しかし、「立つ」「歩く」「断乳」「オムツ外れ」など、すべての発達過程には個人差や個性があります。それは、ことばの発達も同じです。

特に1～3歳という時期は個人差が大きく、「これが普通だ」と断言できる指針は存在していません。

一般的に3歳を過ぎても遅れている場合は、何らかの原因がある可能性が考えられます。

もちろん、原因がある場合は速やかに対応すべきですが、1～2歳で「遅れ」を感じるケースは個性や個人差である場合も多いので、あまり心配しないでくださいね。

ことばといっても発話だけではない

ことばというと「発話」だけに捉われる傾向がありますが、ことばは「発話」の他に「理解」と「コミュニケーション」という3つの要素から成り立ちます。

発話が遅れていても表情で十分なコミュニケーションをし、お母さんの話すことをある程度理解しているようなら問題ありません。

ことばが出なくても、お子さんとのコミュニケーションが十分に成立するなら、過剰な心配より、お子さんとのコミュニケーションをもっと楽しんだ方が双方ともハッピーですよ。

「ことばの遅れ」にはさまざまな傾向がある

「ことばの遅れ」とひとことで言うのは簡単ですが、その現れ方も子どもによって違いがあり、いくつかのパターンがあります。

その代表的なパターンを詳しく見てみましょう。

パターン1　なかなかことばを発しない～喃語のケース～

同じくらいの月齢の子どもは「アウ」「ウーバー」といった声を発していますが、うちの子は生後半年過ぎてもほとんど声が出てきません。

回答：喃語は発達段階で必ずあるとも限りません。

泣き声しか発することのできなかった赤ちゃんは、生後3～4か月ごろから周りの人があやしたり声かけすると、微笑みを返すなどの反応を見せるようになります。

誰かに呼びかけるように「アーアー」と声が出せるようになるのは、目安として生後半年くらいです。そこから喃語《なんご》といわれる「ウー」や「バー」といった「声」を発するようになり、やがて「アウ」「ウーバー」といったような2つ以上の音を出すようになります。この音声には特別な意味はないとされ、すべてを総称して「喃語」といいます。

喃語は発達段階で必ずみられるというものではなく、まったく喃語を発することなくことばをしゃべりはじめるお子さんもいて、とても個人差があります。そのため、喃語の内容や音のバリエーション、また喃語を発している時期などについてはほとんど心配する必要はありません。

ただし、気をつけたいのは「音に反応しているかどうか」です。

赤ちゃんが「ほとんど泣かない」「音が聞こえていないような気がする」という場合は、かかりつけの小児科医や地域の保健師に相談しましょう。

パターン2　なかなかことばを発しない〜1歳神話〜

うちの子どもは1歳6か月を過ぎても、ことばをほとんど発しません。まわりの子どもは「ママ」「パパ」やものの名前を覚えはじめているのに、少し不安です。

回答：おしゃべりがはじまるのは1歳6か月が目安ですが、個人差が大きいものです。

一般的に、1歳6か月ごろには意味のあることばを数語話せるようになっているとことばの発達は「標準的」だとされています。
しかし、「うちの子は全然しゃべらない」という場合も少なくないのです。そうなるとすぐにインターネットで情報を収集したくなりますよね。一般的によく出てくるのが「男の子はことばが遅い」「一人目の子どもはことばが遅い」といったものですが、いずれも科学的な根拠はありません。

1歳6か月児健診を有効に活用しよう

だからこそ、1歳6か月児健診や自治体ごとに用意されている子ども相談センターなどを上手に利用する必要があります。

特に1歳6か月児健診などの定期健診は必ず受けるようにしましょう。この健診は、発達の遅れを探したり何かの異常を見つけたり、子育てについて叱責を受けたりする場ではなく、ママやパパの感じている小さな心配や不安を相談できる気軽な機会です。

1歳6か月児健診でのことばの発達についての確認は、発話だけでなく運動機能の発達や聴力・視力など多角的に確認してくれます。万一何らかの原因が見つかった場合、早期発見・早期治療につながり、保護者と相談しながら必要な対策を一緒に考えてくれます。また健診で、「ことば以外のコミュニケーションができている」と確認でき、安心につながることも多いのです。

ことばが出なくても、欲しいものを指さしたり、何かを教えてくれているような動作が見られるのであれば、おしゃべりするまでもうちょっとです。深刻になりすぎないようにしましょうね。

パターン3　ことばの発音が不明瞭

例えば「うさぎ」を「うちゃぎ」と言ったり「アンパンマン」を「アンマンマン」と言ったりして、なかなか直りません。

回答：子どもの発音は徐々に正しくなっていくもので、最初からきれいな発音で話せなくて当然です。一般的に4歳を過ぎると次第に発音の誤りが減っていきますよ。

ことばを発するためには音を作り出す唇や舌、顎や声帯などの発達や運動も必要です。このことばを音として発するのに必要なすべての要素や過程を医学的に「構音《こうおん》」といいます。

構音についても、子どもは当然未熟な状態で、発達とともに構音が正確になることでことばも正確になっていきます。

例えば、赤ちゃんは舌を上手に動かすことができないので、「アー」や「ウー」といった母音によることばを発することしかできません。生後4、5か月ごろから喃語が出てきて、「マンマンマン」「アブー」など唇を使う音が構音できるようになってきます。

さらに、舌でバナナなどの食材を潰すことができるようになる離乳中期、離乳後期、幼児食へと変化しますが、この発達に合わせるように舌先を上の歯茎につけて出す「ナンナン」や「タンタン」といった構音ができるようになってきます。その後、舌の奥を口蓋につけて出す音、例えば「カ行」や「ガ行」が発せられるようになるのです。

このように、構音には発達順序があり、5歳になっても多くの子どもはサ行やラ行は上手に言うことができないのです。

子どもは舌や唇が未発達で、構音できない音も多く、赤ちゃんことばも使ってOKです。むしろ小さな子どもにとってはきれいな大人のことばは真似しにくいものが多いので、赤ちゃんことばやリズミカルな擬態語（「コロコロ」「ブーブー」など）を積極的に使って、ゆっくり楽しく話しかけましょう。

パターン4　反応がイマイチでことばを理解しているのか不明

耳は聞こえていると思いますが、反応がイマイチなので、私たち親や周囲の大人のことばを理解しているのかよくわからず心配になります。

回答：ことばの指示が伝わっていないと感じる場合、関わり方を工夫してみましょう。

いわゆる「おとなしい子」「マイペース」というその子の個性の場合もありますが、ことばの発達の基本は「ことばの理解」が先で、「ことばを話す」は後になります。さらに「ことばの理解」の前には「聴く力」も必要です。

まずは電話やテレビ、インターホンの音などが聞こえているかを確認し、問題がありそうならかかりつけの小児科医や専門医に相談しましょう。

音が聞こえているようであれば、どれくらい理解できているかを確認することができます。例えば「パパはどこかな？」と声かけしてパパを探す仕草をすれば、発話がなくてもことばを理解しているわけです。簡単な絵本で「ワンワンは？」と誘導し、「ワンワン」と出なくても何かを指さすような仕草も理解が進んでいるサインです。

ことばを理解するまでの働きかけが大事な理由

そもそも、ことば（単語）の意味を理解して発語するまでのプロセスも、一足飛びではありません。

既出の「ワンワン」の場合、犬を見かけるたびにママやパパが繰り返し「ワンワンだね」と教えてあげることで、子どもはやがて、犬種を問わず「ワンワン」を理解するようになります。さらにその「ワンワン」のイメージが蓄積されていくと、写真やイラストの犬であっても「ワンワン」とわかるようになります。

子どもの頭の中で、ワンワンのイメージが成立してくると、ママやパパに「今日はワンワンいるかな？」と問われ、目の前に犬がいなくても「ワンワン」を想像できるようになり、ようやく自分からもイメージのワンワンを「ワンワン」ということばを発して表現することができるようになります。

思わず声が出てしまう遊びを一緒に楽しむ

「ワンワン」の例のように、ことばの理解の発達速度にも個人差があります。無理やり「言ってごらん」としつこく迫るより、何度も繰り返し、親御さんが楽しく働きかけをするのが一番効果的です。

おとなしく、声をあまり出さないような個性を持つお子さんもいます。その場合は、思わず子どもが声を出したくなるような遊びを親子で楽しむと良いでしょう。具体的には「こちょこちょ遊び」「にらめっこ」「いないいないばあ」などです。

特に、体を使った遊びやスキンシップは、子どもも大好きな遊びです。運動神経の発達や脳の発達も促してくれる大切な遊びでもあります。万一スキンシップを嫌がる

こちょこちょ

いないいない
ばあ〜〜
いた
〜

ような素振りがあっても少しずつ慣らしてあげて、親子でたくさん声を出して笑いましょう。

「聞こえ」に問題がないかも確認しましょう。2歳くらいまでは個人差の範疇であることが多いので、心配しすぎず、楽しんでコミュニケーションを続けてくださいね。

パターン5　健診でひっかかってしまった

健診でうちの子だけ様子が他の子どもと違っていて、保健師さんにも「ことばの遅れ」などの可能性を指摘されてしまいました。一体どうしたらいいのでしょうか？

回答：気になることはどんな些細なことでも専門家に相談してください。

1歳6か月、3歳、就学時という発達の節目に当たる時期に、どのご家庭にも在住している自治体から「健診」のお知らせが届きます。必ず受けるようにしましょう。

そしてどんな些細なことでもネットで調べるだけでなく、専門家に相談してほしいと思います。健診は異常を見つけることが目的ではなく、個性や個人差のあるお子さんの発達を助けることを目的としていますから、安心して相談してください。

1歳6か月児健診

赤ちゃんから幼児に移行する時期なので、歩行やコミュニケーションの状態を確認することで発達の様子をみていきます。また聴力・視力・口腔内などに問題がないかを調べ、万一何かあった場合は、ママやパパと一緒に早期治療を進めていきます。

3歳児健診

幼稚園や保育園などの集団生活に必要な社会性や生活習慣、運動能力やコミュニケーションの状態を確認することで、心身の発達の様子をみていきます。引き続き聴力や視力、口腔内などの検査も行います。

就学時健診

入学する前年の秋ごろに行う自治体が多いようです。何らかの障害や病気などがあり、通常の学校での集団生活が難しいことが推測される場合には、保護者と相談しながら対応策を探っていきます。

健診で指摘された「ことばの遅れ」は発達障害のサインなの？

公費で行われる3回の健診で「ことばの遅れ」を指摘されるケースがあります。しかしそれが必ずしも発達障害などのサインとは限りません。数か月のうちに年齢にふさわしいことばの発達を遂げるお子さんも多くいて、本当に個人差が大きいからです。もちろん明らかに耳や口腔内に問題があれば早期に適切な対処を行いますが、身体的な問題がなければ、その子のことばが遅れている理由が個人差なのか、障害なのか、明確に線引きできるものではないのです。

そのため低年齢になるほど「様子をみましょう」ということになり、逆にママたちを不安にさせてしまうこともあるようです。

ことばの遅れの原因探しはあまり意味がない

ことばの遅れを指摘されたほとんどのママやパパは、「障害があるのではないか」「話しかけや読み聞かせが足りないのではないか」と、ことばの遅れの原因を突き止めようとします。

しかし、耳がほとんど聞こえていない、脳性麻痺などの病気で舌や口をうまく動かすことができないといった身体的な問題がない限り、原因を特定するのは極めて困難です。なぜならことばの遅れの原因はさまざまな要因が複雑に絡み合っていることが多いからです。

その原因はネットでもあまり出てこないケースもあります。

例えば、口腔内の発達が未熟なために発話が遅れることも多いのです。離乳食から幼児食に移行し、徐々に固形物や歯ごたえのあるものを食べることで口腔内の発達を促しますが、あまりに柔らかいものばかりを食べているお子さんは、口腔内の発達が遅くなり、発話も遅くなったりします。他にもお子さんの性格やあるいはお子さん自身、または親御さんが何かの病気で長期入院をしていたといった環境など、複数の要因がことばの発達に影響を与えているケースも多いのです。

3歳くらいまでのことばの遅れについては、原因を特定できるケースの方が少ないです。仮に原因がわかっても、ことばの発達のための働きかけは健常のお子さんと同じで、生活や遊びを通してことばが育つ働きかけを続けるしかありません。

パターン6　「ぼ、ぼ、ぼくね」など、吃音がある

どうしてかわかりませんが、子どもが時々ことばが詰まって言いづらそうにしています。それが原因でお友達にもからかわれたりしているようで、とても心配です。

回答：吃音があっても「コミュニケーションが取れていればＯＫ」と、あまり深刻にならないようにしましょう。

吃音は、人種や言語を問わず共通して生じることばの症状です。吃音の調査では５％（１００人のうち５人）に、吃音の経験があると報告されています。

また、ある時点でどれくらいの人が吃音の症状があるか、という有症率については１％前後（１００人のうち１人）とされ、吃音を経験してもそれが自然に消失している人は約８割いるということになります。

今のところ、吃音の原因はわかっていません。吃音の現れ方には個性や個人差があり、吃音が出るタイミングにも波があるなど、わかっていないことの方が多いのです。

吃音が出やすいのは子どもにとってどんな時期？

吃音は2～4歳の間にはじまることが最も多く、次に多いのが6～7歳のタイミングだと報告されています。この時期は子どもの発達が著しい時期で、ことばの発達においては多語文を話すようになります。ボキャブラリーも爆発的に増えていく時期です。

さらにこの時期、親御さんは「しつけ」を頑張りすぎることで子どもに厳しく接しがちです。褒めることより叱ることや注意することが増え、子どもも集団生活や社会生活におけるストレスを感じるようになります。

とはいえ、このような環境変化が吃音の原因とはいえないこともわかっていて「ストレス説」や「しつけ説」、また「左利き矯正説」「親の対応説」などは現在否定されています。「一過性の現象だろうから気にしない」と決めつけて放置するのも危険ですが、シリアスになりすぎず、専門家などを活用して、お子さんに合わせた個別のアプローチをすることが望ましいといえます。

吃音があっても「コミュニケーションが取れていればOK」、といった気楽な気持ちで付き合っていきましょう。

他にも気になるこんなサイン

①人と目を合わさない

子どもとコミュニケーションをとろうと思っても、目が合わなかったり、ニコッとしてくれなかったり、なんだかなついてくれないような場合は、ママもパパも一層不安になりますね。

でも反応が少ないからといって、ママやパパまで働きかけをあきらめてしまうのは逆効果です。根気よく、ニコニコと語りかけや遊びのコミュニケーションを行ってください。「おんぶ」や「たかいたかい」など、大人がいないとできない遊びを増やしたり、子どもの気持ちを代弁する語りかけをすると良いでしょう。

②「こだわり」が強すぎて、癇癪やヒステリーを起こす

いつも同じ遊びばかりしている、お気に入りのものがないとパニックになるといった様子は、どんな子どもにもある程度見られる傾向で、それほど心配する必要はあり

わ〜い!

ません。好きなものや事への執着があるのは、それによって安心するからです。外の世界に対する不安は、脳の発達とともに減少していくので、見守ってあげましょう。

一番良くないのは「いい加減にしなさい」「もうやめなさい」と無理やり、あるいは怒りながらやめさせることです。「こっちも楽しいよ」と他のことにも目がいくように誘導してあげると良いでしょう。

③集中力がなく、じっとしていられない

お風呂に入れるだけでパニックになるほど大騒ぎになる。歯磨きは何度言ってもちゃんとさせてくれない。食事の際にすぐ椅子から立ちあがってしまう……など、ことばの発達と集中力のなさを結びつけて考える親御さんも少なくありません。

このような傾向もほとんどのお子さんに見られるので、そこまで深刻になる必要はありませんが、親御さんにはイライラせずに見守る「親力」が求められます。特に寝る、起きる、食べる、歯を磨く、お風呂に入るといった基本的な生活習慣を身につけてあげることは、ことばの発達に欠かせません。

④ことばも遅いし、運動神経も悪そう

ことばの発達とは脳の発達とも言い換えられます。そのため、ことばの発達を促すには脳の発達を促すことも大切です。

具体的には外遊びなどを積極的に取り入れることで、脳が適切に刺激され、運動能力はもちろん、脳の働きも鍛えられ、その結果としてことばの発達の促進につながるのです。

もちろん、ママやパパが一緒になって楽しんだり、協力してあげることが大切です。いきなり難しいことに挑戦させたり、厳しく指導してしまうと、自信喪失や苦手意識の植え付けになってしまいます。少しずつ楽しく行うようにしましょう。

正しい「ことばかけ」って何だろう？

「子どものことばが遅いのでは？」と心配するママやパパがしがちなことが、「原因探し」です。

「私の発音が悪いのかしら？」「義母からはもっと話しかけてあげて、なんて注意されたけど私のことばかけが足りないの？」「妊娠期に胎教やコミュニケーションをしなかったから？」「授乳の時にスマホを見ていたから？」

こんな風に自分の妊娠や育児を責めたり、原因を探そうとしがちです。しかし原因を一つに絞ることはほとんどできませんし、原因などあってないようなものなのです。

大切なことは子どもの個性に応じたサポートをすること

大切なことは原因を探すことではなく、子どもの個性に応じた発達のサポートをしてあげることです。とにかく、子どもの個性や性格をよく観察して理解してあげてほしいのです。

お子さんは、ママやパパにべったりの寂しがり屋ですか？　それとも自由奔放で活発なお子さんですか？

前者であれば、スキンシップや手遊びなどのコミュニケーションが有効ですし、後者なら、しつこくことばかけをするより体を使った遊びを一緒に楽しむのがおすすめですよ。

話し方のコツに絶対に正しい方法はない

ネットにはたくさんの「話し方のコツ」に関する情報があふれていますが、絶対に正しい方法というものもありません。確かにたくさん話しかけてあげるべきですし、できるだけわかりやすいことば（赤ちゃんことばでＯＫ）で、ゆっくりと話した方が良いでしょう。しかし、中にはこの方法が合わないお子さんもいます。

お子さんが自ら話したいと思うようになるには、身体の発達、脳の発達、そして心の発達のすべてが必要です。これは「ことばかけ」だけでは育まれず、お子さんの生活全体を少しずつ積み上げていくことで、相乗的に発達していくものなのです。

「ことばを育む」とは、お子さんの丸ごとを愛し、楽しく暮らすこと

ことばを覚え、ことばを発するようになるには、身体の発達、脳の発達、そして心の発達が必要です。そのため、いくらママやパパが積極的にことばかけをしても、お

子さんがなかなかことばを発してくれないことは大いにありえます。

ことばの発達にばかり捉われて育児書に書かれていることに一生懸命になるのではなく、身体や脳、心も含めたお子さんの丸ごと全部を愛し、一緒に楽しく生活することを積み重ねていくことこそ、ことばの発達に最も効果があるのです。

ことばを育むポイント1：親子で生活リズムを整える

ことばを作るのは身体と脳ですが、身体と脳の発達に不可欠なことが「規則正しい生活習慣」です。幼少期から「規則正しい生活習慣」を身につけてあげること。これは親御さんがお子さんにプレゼントできる最も大切なものの一つではないでしょうか。

もちろん、1歳までは頻回な授乳が必要なお子さんも多いですし、3歳を過ぎても夜泣きをするお子さんも少なくありません。しかし「よく遊び・よく食べて・よく寝る」という基本を就学前までに心がければ、健全な心身は十分に育まれ、地頭の良い子に育つはずです。

7時ごろまでに起きて日光を浴び、軽く体を動かすと、朝ごはんをおいしくしっかり食べることができます。昼もできるだけ屋外で体を十分に使う遊びをし、年齢に応じてお昼寝もしっかり取り入れましょう。夕方以降はお絵かきや塗り絵、ブロックなど静かな遊びに移行し、夕ご飯を食べ、お風呂に入ったら十分にスキンシップやコミュニケーションをとって寝る。この繰り返しを何よりも大切にすることで、子どもの心身は育っていくのです。

ことばを育むポイント2：親子で楽しく「あいさつ」習慣

一日に何度も口にする「あいさつ」はお子さんに最初に覚えてほしいことばの一つではないでしょうか。でも、最近は親しい人の間ほどあいさつがないがしろにされる傾向にあります。

「おはよう」「おやすみ」「こんにちは」「いただきます」「ごちそうさまでした」「ありがとう」「ばいばい」「いってらっしゃい」「ただいま」などの基本的なあいさつをまずは家族間で楽しく交わすことを徹底し、もちろんお子さんにも繰り返しあいさつのことばをかけてあげましょう。子どもは自然に真似してくれるはずです。

おはよう

いただきます

ことばを育むポイント3：親子で楽しい「絵本タイム」

「絵本」はことばの発達に欠かせないアイテムの一つです。0歳の赤ちゃんだって絵本が大好きということはよく知られていることです。月齢が低いほど反応が薄かったり、喜んでいないように思われるかもしれませんが、そんなことはなく、赤ちゃんなりに楽しんでいるのです。

同じ本を繰り返し読んでほしいと求められたら読み聞かせが成功しているサイン！　大人は飽きてしまうかもしれませんが、なるべくつきあってあげましょう。お子さんが絵本を見て声を出すだけでも楽しいこと。どんな反応も大いに褒めてあげてくださいね。

ことばを育むポイント4：感情的に怒らない

子どもは悪気がないといえども親が嫌がることをするものです。怪我や命の危険につながるようなことは、当然親として大声で叱るべき場面です。

かたづけなさいって
いったでしょ
いやだ〜

はーい
なくなったら
困るから
遊んだらかたづけ
ようね
BOX

しかし、私たち親はそのような場面だけでなく、「ご飯をなかなか食べない」「なかなか寝てくれない」「おかたづけをしない」といった、生活のあらゆる場面で子どもに怒ってしまいがちです。もちろん躾は必要です。それでも、できるだけ感情的にならず、決して怒ったりせず、「何がいけないのか」「どうすべきか」を、ことばで丁寧に示すべきです。

怒鳴ったり、怒ったりするのは子どもに恐怖を与えるだけで、子ども自身が何がいけないのか、根本から理解するサポートには役立ちません。むしろ恐怖でことばを発することを嫌がらせたり、遅らせてしまう可能性もあるのです。

ことばを育むポイント5：頭ごなしに否定しない

なんでもかんでも「ダメ」と否定すると、子どもはやがて意欲をなくし、発達の妨げにもなりかねません。「ダメ」「おしまい」「静かにしなさい」「やめなさい」といったことばも、強く言うとお子さんは悲しい気分になるはずです。常に別の言い方がないか、親も頑張りどころです。

ことばを育むポイント6：子どもの「楽しい」を尊重する

ことばの発達を促すために、絵カード遊びが良いとか、幼児教室がいいとか、方法はたくさんありますが、毎日の生活や遊びを「楽しい」と感じることが最も重要で、「楽しい」によって心身の発達が促されるものです。

親御さんの理想や育児書のマニュアルをお子さんに押し付けてしまうと、大抵うまくいきませんから、双方がイライラしがちです。

親御さんの方は、それでも気を取り直して根気よくアプローチできるかもしれませんが、子どもの方は萎縮しがちです。

ママの読みたい絵本、パパが使ってほしいおもちゃは、お子さんの選ぶものと違っていて当然です。まずは、お子さんが選んだ絵本やおもちゃ遊びを尊重してあげること。それがお子さんの「楽しい」なのです。お子さんが楽しいと思う遊びにとことんつき合ってあげるだけでも、ことばかけは無限にできますし、ママやパパとの遊びが楽しければ楽しいほど、お子さんは自然と自信をつけて「話したい」という意欲が育っていくでしょう。

子どもに話してほしくて、親御さんが言ってほしいことばを連呼したり、無理に言わせようとするのも逆効果です。子どもが見ているもの、触れているものに共感してことばにしてあげると良いでしょう。

ことばを育むポイント7：お子さんのサインを見逃さないで

２０１３年に、日本小児科医会が公式に「スマホに育児をさせないで」という意見を発表し、その内容を反映したポスターやリーフレットについて賛否両論、論争が起こりました。「スマホ育児」について、その弊害についてエビデンスがない、現代のようにワンオペで子育てをしなければならないママたちにとって、「スマホは命綱だ」という意見があります。

一方で、あまりにスマホやタブレットに頼りすぎると赤ちゃんでも近視になる、ことばの発達が遅れる、親と目を合わせなくなる、親子で会話しなくなる、といった意見も根強くあります。

現在は、なるべく「スマホ育児」はしたくないけれど、せざるを得ない場面は仕方がないという親御さんがほとんどのようです。

注意してほしいのは、スマホがあろうがなかろうが、赤ちゃんや子どもが出すサインを見逃さないでほしいということです。赤ちゃんであれば、目を合わせるだけでも大切なコミュニケーションですし、幼児であればやはり親御さんからの語りかけや共感、理解がなによりも「ことばを育む種」になるのです。

ことばを育むポイント8：スキンシップも重要なコミュニケーション

授乳と入浴以外で、どうやってスキンシップを取れば良いのかわからない、という声を聞きますが、日常生活の中で、何度でもハグをしてあげるのが一番簡単です。こちょこちょ遊びや手遊び、親子ダンスなどでも、スキンシップになります。

スキンシップで脳が育つ理由

スキンシップをすることで「安心感」「心地よさ」が得られ、これがいわゆる「愛

情ホルモン（オキシトシン）」の分泌を促します。

オキシトシンには、リラックス効果、記憶力や集中力の向上といった作用もありますし、お子さんのモチベーションや意欲の向上といった、ことばの発達に欠かせない効果がたくさん報告されています。

何より皮膚と脳はつながっているので、肌の刺激も脳の刺激、脳の発達に不可欠なのです。

しかし、感覚が敏感なお子さんはスキンシップを嫌がる場合もあります。

そんな場合は無理強いする必要はありませんが、お子さんの方から、親御さんに抱っこを求めてきたり、突然抱きついてきたりするときに、決して嫌がらず、存分に甘えさせてあげましょう。

ことばの遅れが目立ちはじめるのは1歳から3歳

基本的に「1歳6か月児健診」で何らかのことばの遅れを指摘されても、それが個人差の範囲であるのか、またその遅れがこれからどのようなペースで発達するのか、といったことまではわかりません。「ことばの遅れ」とは極めて曖昧で、明確な定義や基準がないからです。

一般的な発達の目安は「1歳6か月ごろまでに意味のあることばを数語話せるようになること」とされますが、「うちの子は大丈夫」という場合も、「うちの子は遅れている」という場合もそれは通過点にしかすぎず、その後の関わり方で良くも悪くも変化していくものなのです。

どんなお子さんでも、ことばの働きかけの土台は一緒

何よりも大切なことは、ことばの遅れがあってもなくても、診断名がついていてもつかなくても、根本的な子どもの育て方は一緒、ということです。どんな子どもであっても、その子の個性やサインを見逃さず、その子に適した発達のサポートを十分な愛情を持って行う……。これが子育ての土台になります。

1歳6か月までに正常といわれる範囲で十分な発達をしていても、それが永久に続くとは限りません。あるいは、遅れを指摘されても、適切なサポートで十分にリカバーすることもできるのです。

仮に診断名がついた場合でも、専門家にサポートしてもらいながら、お子さんに適切な働きかけ方がわかれば、それで良いのではないでしょうか。いずれにせよ、診断の結果はゴールではなく、診断がつく前からことばの発達への働きかけはできますし、診断後もお子さんに合わせた働きかけを続けるしかありません。

難聴や口唇口蓋裂のように、明らかな原因が特定される場合は、できるだけ早い段階で治療をすることが「お子さんに適切な働きかけ」になります。

脳性麻痺、事故や手術で脳が損傷した場合も、発達に応じた早い段階で専門家と一緒に訓練をしていくことが適切な働きかけになります。

ことばが遅れているなら、小学生までに取り戻すことを目安に

ことばの発達に問題を抱えていたとしても、その原因は複雑で、専門家に頼ったからといってそれだけで解決するとも断言できません。ことばの発達やことばの問題を取り扱う専門家は「言語聴覚士（ＳＴ）」ですが、ＳＴはもちろん、あらゆる専門家やそのお子さんと関わるすべての大人と協力連携すべきです。

例えば私自身は歯科医師ですが、お子さんの口の中を見ると、口腔内の発達が遅れていることが原因で言語障害が起きていることに気がついたり、歯並びの悪さが発音の不明瞭さに起因していることなどを発見することができます。

他にも、動作や感覚などの問題は作業療法士、心の問題であれば臨床心理士などに相談すると良いですし、保育士や幼稚園教員などにもお子さんの情報を共有し、一緒にサポートしてもらえるような環境づくりをする必要があります。祖父母やご近所の方にも暖かく見守ってもらえるようにお願いした方が良いでしょう。

4歳にはお子さんの性格や個性が際立ってくる

繰り返しになりますが、3歳前になってても原因がよくわからないままことばの発達の遅れを感じる場合は、まずは自治体の保健師さんなどに相談し、少しずつ専門的なサポートをはじめると良いでしょう。4歳になると、お子さんの性格や個性もだいぶわかってきますので、障害の有無の判断もしやすくなり、さらに適切なサポートが行えるようになります。

小学校入学後に対応するのは時間的に難しくなる

4歳から小学校入学までの2年間で、適正なサポートをすることで遅れは十分に取り戻せる可能性があります。実際、小学校に入学してしまうと、習い事や宿題などで忙しくなり、親御さんがお子さんに集中できる時間も少なくなります。すると、親御さんの目の届かないところで、お子さんがからかわれたり、自信をなくしたりすることも起こり得ます。

悩みや不安を共有できる「親の会」のようなグループも各自治体にあります。ここでは、同じような経験や悩みを持つ親御さんやお子さんと情報が共有できると思います。

PART 2

「ことばの遅れ」には いろいろな 原因がある

もしかしてうちの子、何かの病気なの？

明らかな原因がわからないことも多い「ことばの遅れ」。健診では「しばらく様子をみましょう」と言われ、どうすれば良いのか途方に暮れてしまう親御さんが多いようです。一般的に遅れの原因は複雑で、その原因が何らかの障害と関係している可能性を指摘されると、さらに不安になってしまうのは当然です。

しかし、繰り返しになりますが年齢や月齢が小さいほど原因は特定しにくいこと、またどんな要因や原因が見つかろうとも、するべき働きかけは「子どもに応じたサポートをすること」です。このことを今一度心に留めておいていただきたいと思います。そうなると、原因を突き止めることは絶対に必要なことだとは言い切れません。

当然ですが、診断名がつくことで安心する親御さんもいれば、パニックになる親御さんもいます。診断名がつくことをゴールにはせず、なんのために診断名をつける必要があるのか、ということも併せて考えてほしいと思います。

このパートでは、さまざまなことばの遅れの原因を紹介していきます。

「言語発達障害」とは？

「ことばの発達」の遅れに関する診断名としては、「言語発達障害」または「言語発達遅滞」などがあり、いずれも「ことばの発達の遅れ」全般を指す専門用語です。

同年代のお子さんに比べてことばが遅れている状態が「言語発達障害」とされますが、障害といっても原因がはっきりしないケースと、何らかの原因がある場合の大きく2つに分類することができます。

「一時的な言語発達障害」という場合もある

「言語発達障害」というと取り返しのつかない障害のような印象を持たれるかもしれませんが、原因に関係なく「標準より遅い」という状態を表しているだけで、後から振り返ると一時的にことばの発達に時間がかかっただけで、「一時的な言語発達障害」というケースもあります。

「障害」を疑う兆候

精神面

●理解できていない ➡ 知的障害、発達障害（自閉症スペクトラム障害）

知的な発達が遅れていると、話しかけてもことばを理解してないと感じる場合がある。また、他人への関心の薄さから、ことばの理解が遅れる場合もある。

●ひどく落ち着きがない ➡ 発達障害全般

小さなお子さんは落ち着きがないものだが、あれこれ気が移りやすい、常に動き回っている、その行動に脈絡がないなど、発達に障害があると落ち着きのなさが目立つことがある。

●対人関係に不安がある ➡ 発達障害（自閉症スペクトラム障害）

視線が合わない、気持ちが通じ合う感じがしない、一人で同じ遊びをしていることが多く、他のものに興味を示さないなど、コミュニケーションが成り立たない印象が強い。

身体面

●うまく話すことができない ➡ 構音障害

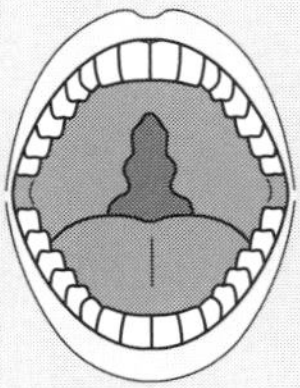

発音がはっきりしない、発音できない音があってうまく話せない状態を「構音障害」という。「口唇・口蓋裂」など発声器官の形態が原因の場合と、発音器官に問題はなく、舌の使い方が未熟で起こる場合がある。

※「口唇・口蓋裂」でも早期に適切な治療を行えば、ことばの障害を招くことは少ない。

●聞こえていない ➡ 聴覚障害

高度な難聴であれば、大きな音がしても反応がない。簡単な問いかけに答えなかったり、ことば数が少ない、発音がはっきりしないということがあれば、聞こえていない（聞こえが悪い）ことを考える必要がある。ただし、外界への興味が乏しいお子さんも同じような反応を示すことも。

出典：『ことばの遅れのすべてがわかる本』講談社刊より一部改変

「聴覚障害」がある場合

聴覚障害にもいろいろな症状がありますが、ことばの遅れの原因となるのが「難聴」です。

難聴とは、「小さい音が聞き取れない」「音が歪んで聞こえる」など、音の聞こえが悪い状態のことです。難聴は見つかりやすいと思われている方が多いのですが、それは聞こえが非常に悪い場合です。

例えば、近くで大きな音がしてもまったく反応を示さない場合や、簡単な問いかけにも無反応だったりすれば、親御さんもすぐに気がつくでしょう。

一方で、程度が軽い場合は発見が遅れることもあるのです。聞こえてはいるが反応がちぐはぐ、ことばの数が増えない、話している親御さんの顔をしきりに見る、お子さんの構音が明らかにはっきりしないといった場合は、聞こえが悪い可能性があるので、これらの反応が見られるなら一度専門家に検査してもらいましょう。

もちろんきちんと聞こえていても、内向的な性格だったり、まだ外へ興味が向かな

「言語発達障害」とは

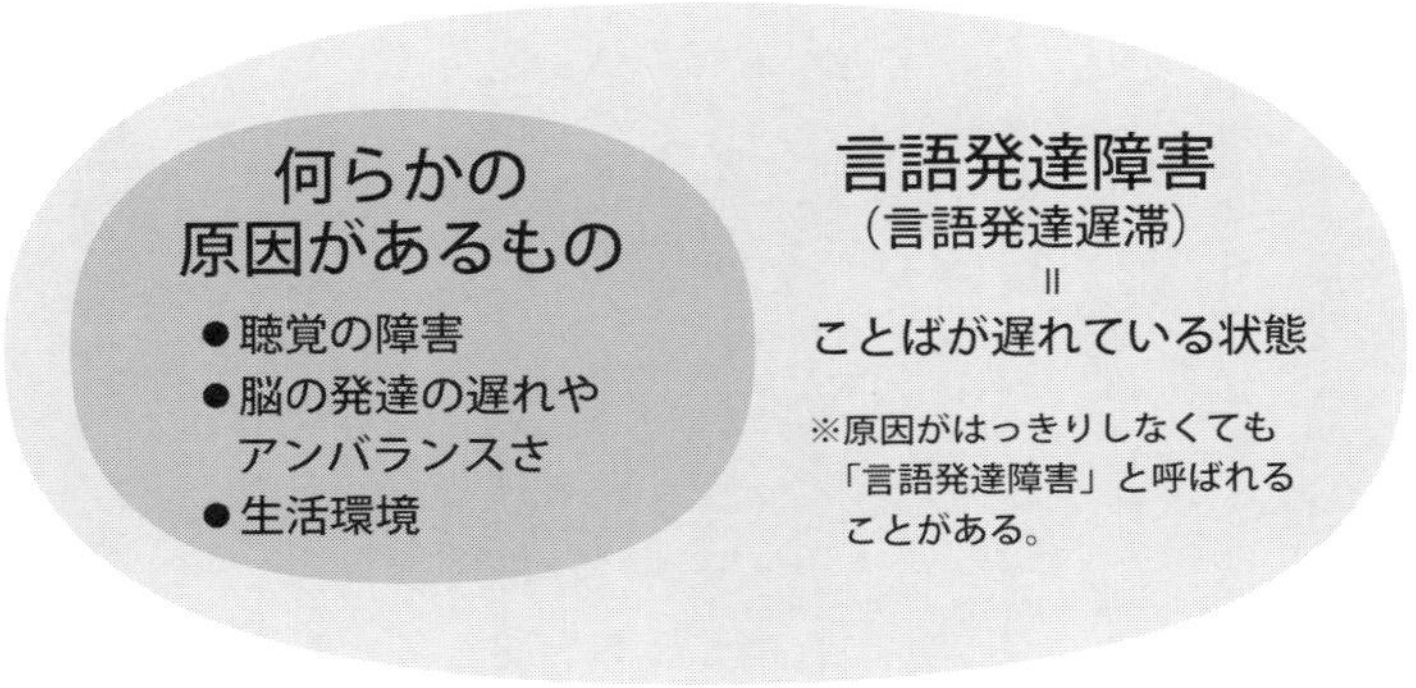
何らかの
原因があるもの
●聴覚の障害
●脳の発達の遅れや
アンバランスさ
●生活環境
言語発達障害
（言語発達遅滞）
=
ことばが遅れている状態
※原因がはっきりしなくても
「言語発達障害」と呼ばれる
ことがある。

「言語発達障害」とされる範囲

原因がはっきりしない場合や発達に時間がかかっている場合も含まれる。

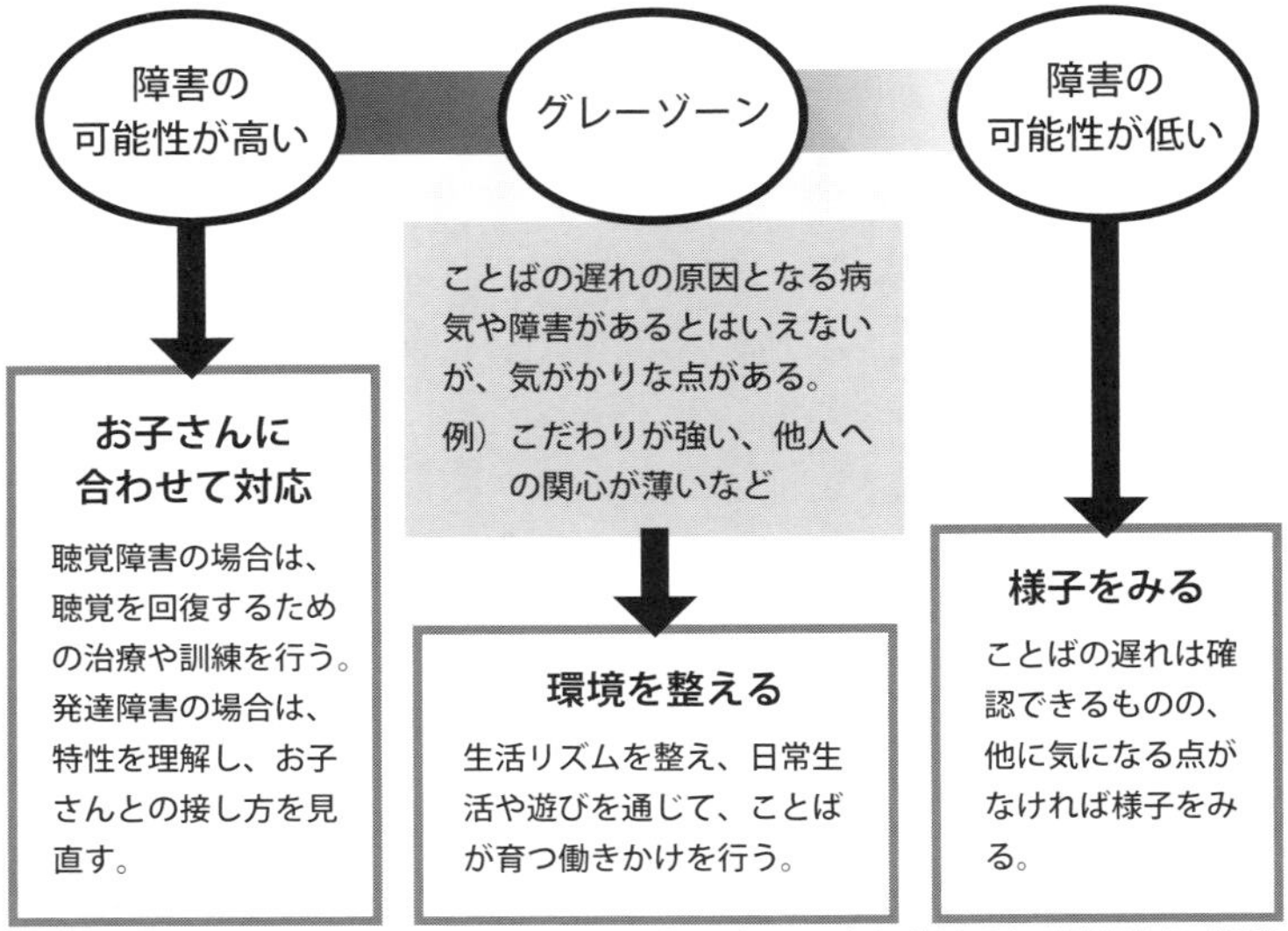
障害の
可能性が高い
グレーゾーン
障害の
可能性が低い
お子さんに
合わせて対応
聴覚障害の場合は、
聴覚を回復するため
の治療や訓練を行う。
発達障害の場合は、
特性を理解し、お子
さんとの接し方を見
直す。
ことばの遅れの原因となる病
気や障害があるとはいえない
が、気がかりな点がある。
例）こだわりが強い、他人へ
の関心が薄いなど
環境を整える
生活リズムを整え、日常生
活や遊びを通じて、ことば
が育つ働きかけを行う。
様子をみる
ことばの遅れは確
認できるものの、
他に気になる点が
なければ様子をみ
る。

出典：『ことばの遅れのすべてがわかる本』講談社刊より一部改変

いお子さんは、同じような反応をする場合もあります。

2～3歳ごろまでの子どもは鼻をかむこともうまくできませんので、そのため中耳炎を繰り返すケースがあります。これによって耳の聞こえが悪くなることもあるので、たかが風邪と侮らず、なるべく中耳炎を起こさないように、あるいは中耳炎になっても必ず治すようにしてあげてください。

3つの難聴の種類

ことばの遅れを指摘された場合、ほとんどのケースで「しばらく様子をみましょう」となりますが、これは「耳が聞こえている」ことが確認できていることが大前提です。

親御さんがお子さんの耳の聞こえに問題があると感じたら、すぐに小児科医や専門医に相談してできるだけ早くに診断してもらう必要があります。

早い時期から治療をし、必要があれば補聴器や人工内耳を使い、適切なサポートをしてあげることで、ことばの発達をある程度促すことができるからです。

難聴の種類

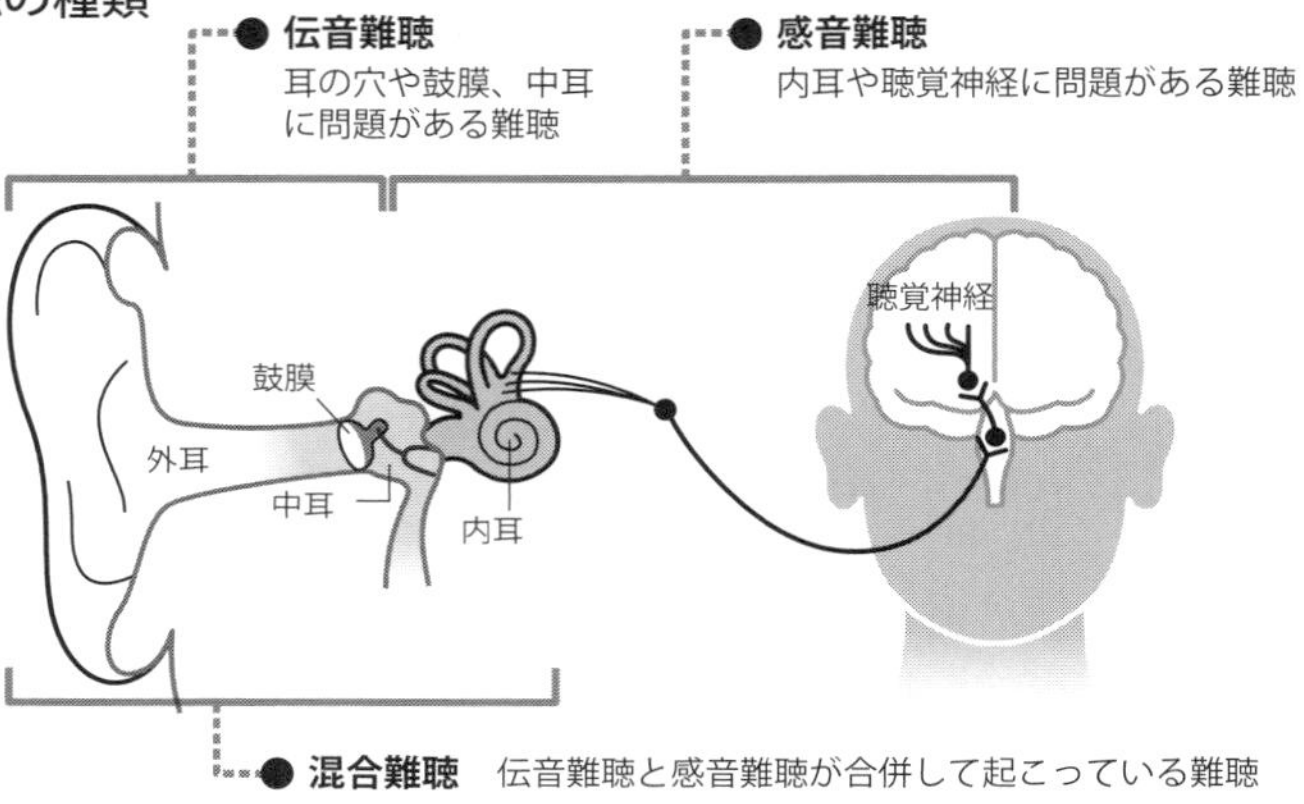

出典：『ことばの遅れのすべてがわかる本』講談社刊より一部改変

伝音難聴

耳の穴や鼓膜、中耳に問題がある難聴。大きな声は聞こえることが多い。中耳炎の繰り返しでも起こることがあり、鼓膜の損傷も原因になる。

感音難聴

内耳や聴覚神経の問題のある難聴。小さな音が聞こえづらく、大きな音も歪んで聞こえたり、雑音が混じったり、途中で途切れることも。ウイルス感染などもあるが、原因はよくわかっていない。

混合難聴

伝音難聴と感音難聴が合併して起こっているケース。

「発達障害」がある場合

　脳が本来果たす機能の一部に発達の遅れや偏りが見られる状態を「発達障害」といいます。脳のどの機能がうまく働いていないかによって、発達障害はいくつかの種類に分類されますが、「脳の一部の機能に障害がある」という点は共通しています。

　発達障害は「障害」という名前がついていますが、生まれつきの「特性」であり「個性」ともいえるもので、いわゆる「病気」ではありません。また原因も特定できていません。

　一人が複数の発達障害を抱えているケースもあれば、同じ機能に障害があっても症状の現れ方がまったく違ったりすることも多く、個人差がとても大きいのが発達障害の特徴といえるでしょう。

主な発達障害の種類と兆候となる特徴

主な発達障害には、次のようなものがあります。簡単にその兆候となる特徴を挙げてみましょう。

①自閉症スペクトラム障害

□1歳を過ぎても人の目を見ない
□指さしをしない
□他の子どもに関心を示さない
□ことばを話せても、会話としてはつながりにくい

②意欠如・多動性障害（ＡＤＨＤ）

□じっとしていられず集中力がない、明らかに過剰な多動
□順番を待てない
□他人の会話やゲームに割り込むなど、社会的ルールを守れない
□あまり長くは座っていられない

③学習障害（LD）

□知能全般に遅れはないのに、聞く・話す・読む・書く・計算するが著しく遅れる

自閉症スペクトラム障害

発達障害の中でもよく知られているのが「自閉症スペクトラム障害（ASD）」です。ASDには「コミュニケーション」「社会性」「想像性」の3つの障害のパターンがあります。

コミュニケーションの障害

「コミュニケーション障害」とは文字通り、ことばを媒体にして他者と会話したり、考えや思いを伝達することに難しさを抱えているお子さんが当てはまります。具体的には次のような状態です。

・言われたことばをそのままオウム返しする
・一方的に話し、会話が成り立たない
・話が飛ぶ
・意味が微妙にずれている
・話の背景の意図がわからない
・比喩や冗談を理解できない

このようなことばの使用や理解に関する障害が見られます。その結果、コミュニケーションにズレが起こったり、コミュニケーションそのものが難しくなったりします。

ことばやコミュニケーションをどのようにサポートすればいいの?

ASDのお子さんへは「文脈」を理解することが難しいため、周囲の大人は「曖昧なこと・間接的なことは言わない」「子どもに伝わることばを使う」を、徹底する必要があります。

お子さんがわがままだから周囲の人の指示に応じないのではなく、「こちらの伝え方を変えてみよう」「今の伝え方では理解できなかったのかな」という姿勢で、丁寧に説明する姿勢を貫きます。すると、ＡＳＤのお子さんでも指示が理解できたり、安心してコミュニケーションが取れることで、本人が達成感を感じて発達していくのです。お互いの思いが伝わらなくても決してパニックにならず、端的な伝わることばを探してサポートしましょう。目から入る情報は伝わりやすいので、カードを使うのも効果的です。

社会性の障害

コミュニケーションの障害とも関係しますが、社会性の障害が強く出る場合、「人との関係をうまく築けない」「相手の気持ちを理解できない」といった傾向が見られます。０歳の段階で「ママやパパになつかない」「ママやパパの真似をしない」「人見知りがない（または人見知りがひどい）」「相手の気を引かない」といった傾向が強く出る場合もあります。

社会性の障害の特徴にも、さらに3つのパターンがある

ＡＳＤという同じ診断名がついても、症状がそれぞれ異なり、対応方法も異なってくるのは、「社会性の障害」にもさらに３つのタイプがあるからです。

①孤立型のお子さん

人への関心が薄いので、名前を呼んでも振り向かない、顔も上げない、今自分がしていることや遊びに没頭している、というのがよく見られる特徴。

②受動型のお子さん

自ら自発的に人と関わろうとはせず従順。誘われれば、お友達とも遊べる。

③積極奇異型のお子さん

他者に積極的に関わろうとするが、それが一方的で、相手の反応には関心を示さない。相手の立場に立たず、行動したり発言するので奇妙な印象を与える。

保育園や幼稚園での集団生活がスタートすると、園の中で孤立したり、周囲からは問題行動とみなされるような行為になって現れるようになります。しかし、この障害

は、発達とともに少しずつ改善・緩和されるケースも多く見られるので、やはり周囲の大人が根気よくサポートすることが何よりも肝要です。

想像性の障害

これは柔軟性やこだわりの問題とも言い換えられており、例えば、些細なことに強烈な関心を寄せてこだわったり、周囲からすると無意味のように思われる行動を何度も繰り返したりする様子が見られます。特に幼少期は同年代のお子さんと比べて、次のようなケースがよく見られます。

- ごっこ遊びをしない
- ミニカーで遊ぶのもタイヤばかりにこだわる
- 遊びのレパートリーが極端に少ない
- 相手に合わせて遊びを展開できない
- 物の配置が変わると元に戻したり、怒ったりする
- ルーティンの変更を嫌がる

・新しいことに取り組もうとするとパニックを起こす

経験していないことや、見たことがないものを想像することが困難なため、反復行動をとりがちで変化を嫌うのです。

想像性の障害を支援するには環境整備が大切

このような気質が強いお子さんが安心して行動できるように、周囲の大人は、お子さんが理解や安心できる環境を用意してあげる必要があります。

例えば、活動の時間を視覚で理解できるようイラストを多用したタイムスケジュールを貼ったり、一つの活動について「何を・どのくらいの量・いつまで・終わったらどうするのか」を最初にイラスト付きで説明するといった方法です。

また整理整頓を徹底し、パニックを起こさないようにサポートしてあげる、規則正しい生活をサポートしてあげる、通園の道順を固定化するといったことも大切です。

このようなサポートを繰り返すことで、最初に全体像や全体の構造を理解できるようになり、やがて安心して新しい物事に取り組める、変化に対応できるといった発達を促すことができます。

他にもＡＳＤには音に敏感、味覚や触覚が適切ではない感覚異常、落ち着きのなさなどがあり、いずれの症状も幼児期や学童期に現れやすいことがわかっています。

注意欠如・多動性障害（ＡＤＨＤ）

一つのことに集中しにくいという特徴を持ち、常に動き回っていたり、突拍子もないことをはじめたりする行動上の特徴があるのが「注意欠如・多動性障害（ＡＤＨＤ）」の特徴です。音や他者への関心も薄いのでことばの習得がなかなか進みません。

ただ幼少期の場合には誰にでも注意欠如や多動は見られるものです。そのため「症状が12歳以前から、学校や家庭という2つ以上の場で6か月以上続いていて、日常生活や学習に支障をきたしている状態」と定義されています。

注意欠如・多動性障害（ADHD）にも、大きく3つの特徴がある

①不注意

気が散りやすい／集中力が続かない／テストでケアレスミスを頻発する／忘れ物が多い／話を聞いてない／約束や締め切り、期日を忘れる／かたづけられない／物をよくなくす

②多動性

授業中など座っているべき時に立ち歩く／姿勢を維持できない／常にもぞもぞする／じっとしていられない／常に手遊びする／過度にしゃべる／おとなしく参加できない

③衝動性

順番を待てない／人のおもちゃを突然横取りする／質問が終わらないのに答える／お友達を遮ったり邪魔をしたりする

これらの症状の現れ方にも個人差があり、どれか一つが目立つ状態のお子さんもい

れば、混合した状態で出てくるお子さんもいます。

問題行動を無理に矯正することはできない

お子さんに「不注意」「多動性」「衝動性」といった行動がみられた場合、それを障害によるものと考えるか、発達のプロセスと考えるか難しいところがあります。

そのため「子育てに問題があるのではないか」「しつけに問題があるのではないか」と親御さんが落ち込みがちです。あるいは障害とは思わず、予測できないようなお子さんの言動を親御さんが「問題行動」とみなし、無理やり矯正させようとするケースも多いですが、それにはほとんど効果がありません。

また、ＡＤＨＤと診断されても、それが周りの人に理解されていないと「乱暴な子ども」「しつけを受けていない子ども」といったネガティブな評価を周囲から受けたり、お子さん自身も、保護者や周囲の大人から叱られたり注意を受けることが多くなり、自分を肯定できないまま大きくなってしまうこともあります。

しかし、ＡＤＨＤは育て方やしつけの違いで生じるものではなく、脳の発達の偏りが原因であり、その理解が何よりも求められます。

①不注意の傾向が強いお子さんのサポート方法

さまざまなところに気が散ってしまわないよう、まずは環境から不要な刺激になるようなものを排除し、取り組むべき遊びや学習に集中しやすい環境を整えてあげます。支度ボードや一日の流れなどをイラストで示し、理解できるようにサポートしてあげたりすることが大切です。

ことばについては、本人の興味がある分野の語彙を一緒に増やしたり、本人の興味に応じた話しかけをするなどの工夫が必要です。

ことばの発達は気になるでしょうが、それよりも「日常生活や社会生活をできるだけ困難なく安心して送れるよう」にサポートします。

②多動性の傾向が強いお子さんのサポート方法

短い約束をするようにしましょう。

「〇〇の間は座っていようね」「〇〇が終わるまで静かにしていようね」といった感じです。

保育園・幼稚園ではなんとかなっても、小学校に入学して座っていられない、勝手に違うことをはじめる、といったことがなるべく起こらないようにするために、まずは小さい約束を守ることを習慣にしましょう。

夜、なかなか眠ろうとせず、いつまでも遊びを切り上げなかったり、お布団の中でもぞもぞ動く子も多いので、できるだけ体を使った遊びを促してあげるのも大切です。

③衝動性の傾向が強いお子さんのサポート方法

待っていなければいけないような場面では、お子さんが飽きないように一緒に手遊びをしたり、静かにしていなければいけない場面では、お子さんの好きな絵本を用意してあげたり、衝動的な行動をしないようにサポートしてあげる必要があります。

④共通したサポート方法

ＡＤＨＤのお子さんに限りませんが、良い行動をしたらすぐに褒めてあげる、約束が守れたり課題がクリアできたらシールをあげるなどして、得意なことを見つけてあげると良いでしょう。「育てにくい」と感じて、親御さんが感情的になるのは逆効果。5〜6歳になっても改善や変化がない場合は薬物療法を検討することもあります。

学習障害（LD）

知的機能全般に遅れは見られないのに「聞く・話す・読む・書く・計算する」といった特定の脳の機能の発達が著しく遅れている状態ですが、この障害は本格的な学習がスタートする小学生ごろまで判断が難しい障害です。

しかも、他のことはできるのに、特定の分野だけ極端にできないケースが多いので、親御さんは「頑張れば苦手はなくなるのではないか」「学習が足りないのではないか」「嫌なことから逃げているだけではないか」と感じることが多いようです。

学習障害には「読みが困難なディスレクシア」「書くことが困難なディスグラフィア」「算数が困難なディスカリキュリア」などがあり、「読む・聞く・話す・書く・計算する」の5つの能力すべてが困難ということは少なく、特定の能力だけ苦手という偏りが見られます。また同じ「読む」でも「漢字だけ苦手」といった個性もあります。

私たちは話を聴く際には無意識で注意力や記憶力、想像力を働かせていますが、学習障害のお子さんにはそれが苦手で、ことばの発達が遅れるケースもあるのです。

入学前にできることとしては、お子さんが読み書きに困難さを感じていないか、親御さんがなるべく早く気がついてあげることですが、あまりに早い幼少期に障害を疑う必要はありません。

厚生労働省が平成30年度に出している『吃音、チック症、読み書き障害、不器用の特性に気づく「チェックリスト」活用マニュアル』によると、就学前の5～6歳の年長児において次の4つのうち1つ以上当てはまり、知的な遅れがないとなると学習障害の可能性があるかもしれない、と指摘しています。

□単語の発音を正確に言えないことがある（例：「いす→いしゅ」という幼稚な発音ではなく、「エレベーター→エベレーター」「クリスマス→クスリマス、クスリスマス」のように、音の順番の変化、音の数の増減など）
□自分の名前やことばを言いながら、一音一歩ずつ移動する、あるいはコマを動かす遊びができない（例：グリコの遊びなど）
□歌の歌詞を覚えることに苦労する（歌詞を理解する、理解しないにかかわらず）
□文字や文字らしきものを書きたがらない、書くことに関心がない

学習障害（ＬＤ）のお子さんのサポート方法は？

小学校入学前にお友達はもうひらがなを覚えていたり、短い文章であれば続けて読めたりするかもしれませんが、ＬＤのお子さんの場合、まだ覚えられなかったり、１文字ずつのゆっくりとした読み方になる可能性もあります。またそもそも文字への関心が低く、親御さんを困らせることもあるでしょう。

おすすめのサポートは「かるた」や「しりとり」「逆さまことば遊び」「オノマトペ」など、なるべく楽しく遊びながら文字への関心を高めてあげることです。特に就学前は、無理に読み書きや話しことばを教えるよりも、「ことばの土壌」を豊かに育てるための時期と捉え、焦らずにお子さんに寄り添ってあげる姿勢が何よりも求められます。

もちろん絵本も大事です。特にお子さんが繰り返し「これ読んで」とせがんでくる作品については、できる限りリクエストに応えてあげましょう。

・かるた…文字を知りたいという興味を高める遊び。文字を知らなくても絵が手がかりになり、繰り返すうちに自然と文字を覚えることもあります。

・しりとり…単語の最初と最後の音を「取り出して」「つなげる」という遊びは、自然と語彙力を発達させ、ある条件から一つの答えを引き出そうとする思考力を高めてくれます。

・逆さことば遊び…最初のうちは「みみ」「もも」などからはじめ、そのうち2語の「いか」の逆さまは「かい」、慣れてきたら「りんご」を「ごんり」と読むだけでもお子さんはその音の面白さに笑顔を見せてくれるでしょう。

・オノマトペ…「ガタガタ」「コロコロ」「ゆらゆら」など擬音・擬態語の絵本もお子さんに大人気です。

「吃音」がある場合

〝話し方の癖〟ともいえる吃音ですが、次のような症状が1年以上継続している場合は専門家に相談すると良いでしょう。

①はじめの音やことばの一部を何度か繰り返す（例：「ぼ、ぼ、ぼくが」「おか、おか、おかあさん」など）
②はじめの音を引き伸ばす（例：「ぼーーーくね」）
③言いたいことがあるのに、最初のことばが出づらく、力を込めて話す（時に顔をゆがめることもある）
④①〜③の話し方の様子が、変動は見られるが、1年以上継続している

＊出典：『吃音、チック症、読み書き障害、不器用の特性に気づく「チェックリスト」活用マニュアル』厚生労働省

8割が自然に治癒する吃音症状

34ページでもご紹介した通り、吃音は人類や言語を問わずどの国でも生じることばの症状であることが知られており、約5％の子どもが吃音を経験しているというデータもあることから、比較的身近な症状といえるでしょう。吃音が発症してもその8割は、症状が見られてから2〜3年に自然治癒しているという報告があり、その多くは幼児期に自然治癒していると推測されます。

ただし、どういったお子さんが自然に治癒し、どういったお子さんだと吃音が続いてしまうのかについてはわかっていません。8割が自然治癒するので、あまり深刻にならず、様子をみておくのが望ましいという意見が多いですが、発症してから症状が1年継続するようであれば専門家（言語聴覚士）に相談すると、適切な言語指導をしてくれます。

吃音のお子さんを持つ親御さんに理解してほしいことは、吃音に困っているのは親御さん以上にお子さんであるということです。お子さんの方が言いたいことがうまく伝えられない、話すことが難しい、話すことに苛立ちを感じる、話すことにストレスを感じている可能性が高いのです。

吃音のお子さんをサポートするには？

吃音のお子さんのサポート方法は、「話し方の訂正や吃音の指摘をしないこと」。そして、「お子さんの言いたいことを先回りして親御さんが言ってしまわないこと」などがあります。どんな話し方でも最後までしっかり聞いてあげ、伝わっていることでお子さんに自信を持たせてあげましょう。

「安心して話して良いんだ」という雰囲気を、親御さんや周囲の大人が作ってあげることで、お子さんは話すことを楽しんでくれるからです。つまり吃音の問題は「ことばを滑らかに話せないこと」よりも、吃音のお子さんに対し周囲がどのように理解を示し、対応しているかの方がずっと問題になります。

専門家である言語聴覚士も、吃音の症状を軽減させることよりも、苦しいブロック状態から脱出する工夫を一緒に考えてくれます。もちろん、お子さんによっては楽な声の出し方や話し方を練習する指導などが入る場合もありますが、吃音があっても安心して話せる環境づくりのアドバイスなどが、親御さんにとっては有益な情報となるはずです。

問題は保育園や幼稚園などの集団生活

ただし、家庭でどんなにサポートを心がけても、家庭以外で吃音の問題を指摘されるケースはどうしても避けられません。年中の終わりから年長になるあたりまで子どもたちが発達すると、子ども同士で「○○ちゃんの話し方、おかしいね」「どうしてそんな話し方なの？」と無邪気に指摘したり、からかったり、時に吃音のお子さんの話し方の真似をしたりということが起こってしまうのです。そのため保育園や幼稚園の先生にもお子さんのことばの状況を理解してもらうなど、働きかけが不可欠です。

吃音は話の内容や相手によって、出たり出なかったりしますし、急いで発言をする場面や長く話さなければいけない場面、目の前にないものの話をする時、みんなの前で話す時などに出やすくなります。お子さんを観察することで、事前に対処できることもあるでしょう。

「構音障害」がある場合

構音（または調音）とは、「声を生成すること」「発音の操作」のことで、年齢に伴って徐々に発達していくものです。赤ちゃんがきれいな発音で話せないのは当然で、ことばの発達が未熟なうちは構音も未熟なものです。ことばの発達に伴い、構音も徐々に正確になっていきます。

例えば、赤ちゃんは舌を複雑に動かせないため、「あー」「うー」といった母音の発音がことばの中心となります。やがて唇を閉じて音を出せるようになると「ぶぶ」「ばば」などが発せられるようになり、さらに離乳食が進み舌の力がついてくると舌の先を上の歯茎につけて出す音「タタタタ」「ナンナン」といった音が出せるようになります。

その後にカ行、ガ行、4歳ごろまでにカ行、ガ行、タ行、ダ行、ナ行、ハ行、バ行、パ行、マ行、ヤ行、ワ行が言えるお子さんが多くなります。

しかし、サ行やラ行などは舌の動きが複雑なため、5歳のお子さんでも多くのお子さんが上手に言うことができず、6歳で9割の子どもが正しく言えるようになります。

「機能性構音障害」とは？

構音の誤りは誰にでもあることです。例えば3歳くらいまでのお子さんのほとんどが可愛らしい言い間違えをします。

構音に関係する器官と発音

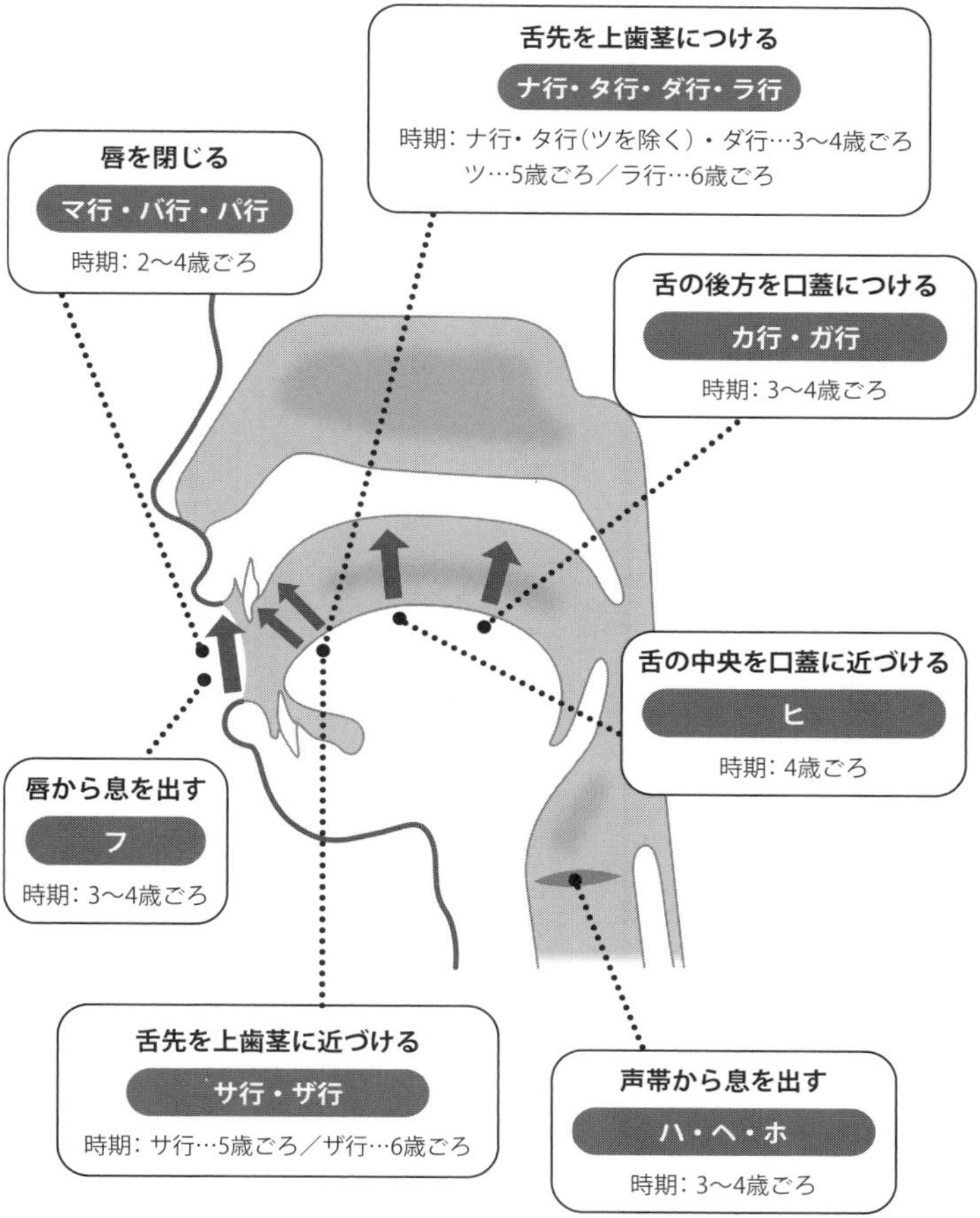

出典：『図解　やさしくわかる言語聴覚障害』ナツメ社刊より一部改変

例えば「オタカナ（お魚）」「タメ（カメ）」「パンパンパン（アンパンマン）」などは、どのご家庭でもあるはずです。またこのような構音の誤りは通常小学校入学ごろまでに自然に治るものがほとんどです。

しかし、顎・唇・舌などの構音に携わる部位に形態異常や運動神経系の病気、聴覚障害、あるいは脳性麻痺などによる運動障害性構音障害といった原因がないのに、4歳を過ぎても「タメ（カメ）」というようであれば、「機能性構音障害」と考えて良いでしょう。

言えない音がある＝構音障害ということではなく、機能性構音障害とは、年齢や知的発達、生育環境なども含め総合的に判断されるものです。「音を認識する能力」「構音器官（舌や唇など）の発育」「全体的な発達」に加え「家族の言語環境（バイリンガルなど）」などの複数の要因が重なりあって生じる症状と考えられています。

機能性構音障害のお子さんをサポートするには？

4歳ごろまでは年齢相応である可能性があるので、何か特別な訓練をせずに経過観察するのが一般的ですが、ごくまれに身体のどこかに異常がある可能性もあり、その場合は当然早期発見が望ましいので、お子さんを注意深く観察しておくにこしたことはありません。

お子さんの発音やことばの異常を感じるのであれば、まずはかかりつけの小児科医に相談し、さらに市区町村などに問い合わせ、言語聴覚士に相談すると良いでしょう。

仮に機能性構音障害が認められ、専門家によるサポートと訓練をする場合は、4～6歳でスタートし、1～2週間に1回程度行うと成果が出やすくなります。もちろんお子さんの状況に応じて、あまりに構音の問題が多く見受けられる場合や、からかいの対象になりそうな場合などは、訓練の開始や回数を相談して早めたり増やしたりしていきます。

また、言語聴覚士と行った訓練の成果をあげるために、毎日家庭でも繰り返しトレーニングができるように、担当の言語聴覚士が課題や宿題を渡すのが一般的です。親御さんとお子さん、そして言語聴覚士の共同作業になりますが、適切な時期に適切な回数の専門的な訓練を重ねれば、必ず正しい構音が身につくので、チームワークで頑張ってほしいと思います。

やってはいけないサポート

一方、親御さんが熱心になるあまり、正しい発音を何度も言い直しさせたり、間違いを厳しく指摘するといった姿も見受けられます。

これでは話すことが怖くなり、ますます言語習得の機会を失ってしまいます。もどかしく感じることがあっても、正しい発音にとらわれず、お子さんの発音を否定せず、発音が間違っていても理解できるのであれば、答えてあげて、周囲の大人はさらりと正しい発音で自然に話しかけるようにしましょう。

また、構音がうまくいかない原因に、口腔機能の未発達が関係しているケースも増えています。硬いものをよく噛んで食べる、外遊びをする、ぐちゅぐちゅだけでなくガラガラうがいをする、あっかんべーやにらめっこなどの顔を使った遊びをする、ラッパなどの口を使う楽器を楽しむ、といったことも口腔機能の発達を促すので、お子さんが楽しめそうなものがあれば、ぜひ積極的に遊びからお口の発達と言語を育ててほしいと思います。

PART 3

【症例報告】

「ことばの遅れ」はここまで良くなる

お子さんの「ことばの遅れ」へのサポートが遅れがちな理由

各自治体の健診や、集団生活でのお子さんの様子、あるいは保育園や幼稚園の先生からの指摘で「ことばの遅れ」が気になりはじめた親御さんが、それを「いつから」「どのように」対応していくかについて、何がベストかは当然個人差があります。

ただし一つだけ言えることは、もし本当に「ことばの遅れ」がみられるのであれば、サポートは就学前の早ければ早い時期にスタートするにこしたことがないということです。

しかし「早ければ早いほど」と、健診などでよく言われる「様子をみましょう」というアドバイスは一見真逆であるため、ほとんどの親御さんが困惑してしまうのです。

そこで、親御さんに注意深く観察してほしいのが、お子さんの「ことばの発達」よりも「コミュニケーション能力」になります。

第三者から指摘されないと、お子さんの遅れに気づきにくい現状

当院に来院されるお子さんのほとんどが、親御さんが自分から心配になって連れくるケースより、他者からの指摘で来られるケースがほとんどです。

例えば、2歳くらいになって、同じ年齢のお友達よりことばが出ていないことに気づき、ママ友との雑談の中で地域に相談できる場所があるという情報を得た。3歳ごろ、保育園や幼稚園で先生から専門家に相談するようにアドバイスされて連れてきた。年中さんになると、園の生活や集団行動をするのが難しく、お友達にも一向に関心を示さない。年長さんになると「かきくけこ」や「さしすせそ」がうまく言えないから「そろそろ練習した方がいい」と、やはり園の先生に言われた……。

こういったことがきっかけで来院されている方がほとんどです。園の先生や地域の保健師さんには「様子をみましょう」と言われたけれど、親御さんが「心配すぎるので連れてきた」、というケースはあまり多くありません。

これは親御さんにとってお子さんのことばの遅れの原因が、「発達の個人差か」「障害などによるものか」を見極めるのが極めて難しいということを表しています。原因

を見極めるのは専門家でも容易ではありませんが、親御さんと専門家では実は見ているポイントが大きく異なっています。

専門家が見ているのは「ことば」より「行動」

専門家は「ことばの遅れ」そのものより、お子さんの「行動全般」を見ています。例えば保育園であれば、「他のお友達にまったく関心を示さない」「お友達が使っているおもちゃも、それにまったく気がつかずにいきなり奪うように取ってしまう」「短い時間でも座っていられない」「お話を聞いていられない」「やりとりが成立しない」といったお子さんの「行動」や「コミュニケーション能力全般」を見て、親御さんに助言をしているのです。

ワンオペ育児にありがちなママからの一方的な働きかけ

現代のご家庭ですと、どうしても核家族のケースが多く、きょうだいもいなかったりすると、お子さんが他者にどう関わっていくか、他者とどのような行動でコミュニケーションを取ろうとしているかを観察することは、難しい側面があります。

例えば最近話題の「ワンオペ育児」のご家庭であれば、基本的には「ママとお子さん」の二人きりの時間が長いということになります。1～3歳くらいまでのお子さんのお母さんの場合、「うちの子は私という他者にどんな風にアプローチしてくるかしら」という視点を持って働きかけをすることはほとんどないでしょう。つまりお母さんの方から、

「ご飯を食べて！」

「お風呂に入るよ！」

「歯磨きしなさい！」

「これで遊んで！」


と、一方的に「働きかけ」たり「与え」たりするだけで、お子さんに自由に行動させたり、お子さんからの働きかけをお母さんが気づいて受け取ってあげたりすることが極端に少ないのです。

お子さんの方は実は「これを使ってみたい」「もっと長くこの遊びをしていたい」「ママにコレをやってほしい」と訴えていることも多いのですが、多くのお母さんはそのサインを見落として、お母さんがしてほしいことを子どもにさせているケースがほとんどです。

また、お子さんがお母さんのいうことを聞かない背景として、お母さんが「お子さんの気持ち」や「お子さんなりの理由」があることまで配慮できていないケースも多いようです。お子さんがいうことを聞かない場合、普通のお母さんはそれを「障害」や「発達の遅れ」とは結びつけず「なんでママのいうことを聞かないの！」と怒ってしまいます。これは普通の反応ですが、「お子さんにも気持ちや理由がある」ことは見落とされています。

お子さんからの働きかけに気づくには余裕が必要

両親共働きでお子さんを保育園に預けている場合はどうでしょう。

朝は支度して園に届けるのが精一杯。夕方は仕事からバタバタとお迎えに行く。自宅に戻っても、食事の支度を中心とした家事で手一杯でお子さんには「静かにしてもらいたい」。だからテレビやスマホで時間を過ごしてもらう。あとはご飯を食べてお風呂に入って寝るだけ。

ママだってスマホタイムが必要となると、お子さんが他者とどのようなコミュニケーションを取ろうとしているかを観察するような時間や場面はほとんど持てません。スマホ育児の是非ではなく、単純にお子さんが他者と接する場面が少ないという話です。

親御さんに気にしてもらいたいのは、お子さんのことばの遅れよりもコミュニケーション能力です。実はお子さんだってママに笑ってほしくて微笑んでくれています。ことばがなかなか出てこなくても、コミュニケーション能力があるお子さんなら「ママやパパと遊びたい」「お話ししたい」という気持ちを泣いて笑って、あるいはさまざまな（親御さんにとっては一見困った）行動で教えてくれているのです。

そのような「コミュニケーションの土台」があるかどうかを、まずはじっくり観察してほしいのです。また、お子さんからの働きかけに気づくには、親御さんにある程度の時間的余裕がある必要もあります。

保育園や幼稚園の先生がお子さんの遅れに気づきやすいのは、お子さんがどうやってなついてくるか、どうやってお友達を作ろうとするかなど「他者との関わり方や行動」を観察できる場面が多いからです。

核家族、ワンオペ、ワーママなど、親御さんの環境によってはなかなか難しいことではありますが、お子さんの「行動」を観察することで、もし障害がある場合は早期発見・早期治療がスタートできるよう、親御さんの方にもできることがあることを知ってほしいと思います。

ワンオペママにおすすめ！　コミュニケーションにつながる働きかけ

毎日忙しいと、ついつい短いことばでせかしてしまうことが多くなりますが、少しだけ働きかけを工夫してみませんか？　そうすることでお子さんと自然にコミュニケーションが取れるきっかけになります。

早くご飯食べて！

↓「お腹すいてない？」と聞いたり、食材や食事カード、絵本などを使って「どれを

食べたい？」とお子さんにも聞いてみる。

早くお風呂に入って！

↓「ママお風呂に入るけど一緒に入らない？」と誘う。

お風呂におもちゃをセットし、「どれで遊びたい？」と誘う。

一方的に体を洗ってあげたりシャンプーをしてあげるのではなく、泡を立ててもらったり、一緒にやってもらう。

歯磨きするよ！

↓怖い顔で仕上げ磨きをするのではなく、ママも変顔などでお子さんを笑わせながら仕上げ磨きをしてあげる。

これで遊ぼう！

↓どんな遊びがしたいか、お子さんにおも

ちゃや遊びを主体的に選ばせる。

療育サポートを利用するメリット

お住まいの地域によって異なる部分もありますが、お子さんに発達の遅れが見られた場合（それは運動でもことばでも、知的にでも）、各自治体には専門家による正確な診断や「療育」プログラムが受けられるようなサポートが用意されています。

「療育」とは「教育」と「治療」と「保育」が連携したイメージの支援だと理解して良いでしょう。障害や発達の遅れ、偏りなどから起こるお子さんのさまざまな問題を軽減するためのトレーニングとサポートの実践の場です。療育を受ける人の多くは、1歳6か月児健診や3歳児健診で指摘されたことがきっかけか、あるいは入園した保育園・幼稚園から勧められるケースがほとんどです。

療育を受けることの目的は、発達を平均に追いつかせることではなく、お子さんの得意・不得意を明らかにしたり、得意を伸ばしたりすることにあります。そのため、お子さんとのコミュニケーションのコツがわかったり、お子さんの自己肯定感を高めてあげることで、お子さんが想像以上に発達していく姿を、親御さんもゆったりした気持ちで見守れるようになることや、必要以上に深刻に悩まず、同じようなお子さんを持つ親御さんやお子さんと情報を共有できたりするのがメリットです。

療育による発達促進の効果は認められている

もちろん、発達の遅れの度合いによって、療育との関わり方やその頻度も変わってきますが、何らかの障害や原因によって発達が遅れている場合、あらかじめ療育を受けておくことで、就学後の生活も比較的スムーズにスタートできるようになります。

例えば、療育を通して発達が追いつけば、お子さんを地域の学校に通わせることができるようになるケースや、地域の学校に通いながら週に数回療育プログラムを引き続き受けるというケースもあります。

いずれにせよ、就学前の療育プログラムは就学を境に一旦一区切りとし、就学後にもサポートが必要な場合は新たなプログラムに引き継がれるのが一般的です。

もし本当に障害や遅れのあるお子さんが、就学前に何もサポートを受けていなければ、小学校に入学してからはより本格的な学習や集団行動がはじまるので、お子さんにとっては非常にストレスかつ不利な状況からのスタートとなってしまいます。

就学前の療育サポートが遅れがちな理由

療育の効果が認められている一方で、さまざまな理由から療育を受けられないお子さんも現実には多くいらっしゃいます。

例えば、あまりにも早い段階で発達の遅れを指摘されて親御さんが納得できないというケース。1歳6か月児健診では「様子をみましょう」と言われていたのに、3歳児健診で突然「療育へ行きましょう」と案内され、医療機関や福祉サービスに不満や不信感を持つケース。最寄りには療育センターやサポート施設がないケース。病院で療育を受けようと思ったけれど予約が1年先まで埋まっているというケース。通っている保育園や幼稚園での生活が忙しく中断するケース。あるいは親御さんが忙しく、そこまで熱心にプログラムに取り組めなかったなど、理由はさまざまです。

ただ、おそらく一番多いのは「予約が取れなかった」ということになると思います。実際、受けたいのに予約が取れず、なかなか継続した療育を受けられないまま小学校入学の段階で困り果て、どこに行ったら良いかわからず当院に来たというお子さんもいらっしゃいます。

遅すぎるということはないが、早いにこしたことはない

6歳を過ぎていても、当院で言語聴覚士と本格的なトレーニングをすることで、著しい回復や発達をみせるお子さんも多くいらっしゃいます。

そのような事例をみると、いつスタートしても遅すぎるということはないと感じますが、なるべく早い段階で親御さんと専門家が協力し、適切なトレーニングをしてあげた方が、お子さんのストレスが圧倒的に少なくて済むということは感じています。

また、親御さんから離れる場面がどうしても増えていく小学校生活で、お子さんにできるだけ不安なく楽しんで過ごしてもらうためにも、必要なら早期の治療やサポートはすべきです。

言語聴覚士を常勤させている理由

言語聴覚士とは「話す、聞く、食べる」のスペシャリストです。生まれつきの障害や病気、事故などが原因でことばによるコミュニケーション、ことばの発達、音声の障害、嚥下障害などのさまざまな問題を検査・評価し、必要に応じて訓練や指導、助言などを行う専門職です。

言語聴覚士はさまざまな場所で活動しています。例えば病院内のリハビリテーション科、小児科、形成外科、耳鼻咽喉科。福祉であれば障害福祉センター、通園施設、老人保健施設など。また特別支援学校や保健所で仕事をしている人も多くいます。

言語聴覚士と歯科医師が協力し合ってできることは多い

国内で、言語聴覚士が常勤している歯科医院はそれほど多くはありません。当院では特にお子さんの矯正歯科治療に力を入れていますが、矯正歯科治療では上顎や下顎、喉などの口腔内以外の部分も治療に関係するため、構音の発達遅延や嚥下困難といった支障をきたすことも考えられます。そのため3名の言語聴覚士に常勤してもらっているのです。

万一、矯正歯科治療中にことばがうまく出てこない、発音が難しいといった困難が生じた患者さんやお子さんには、言語聴覚士が治療の一環として訓練などのサポートをさせていただきます。

もちろん、矯正歯科治療とは関係なく、障害をお持ちでうまく話せないお子さんや、原因がはっきりしないけれど「ことばの発達」が遅れているお子さんが、歯科治療とは関係なく当院の「ことばのきょうしつ」で、ことばの指導だけを受けるケースもあります。

ことばの発達が遅れているお子さんの中にはお口を開けることを嫌がるお子さんも多く、むし歯になってしまうケースが少なくありません。そのようなお子さんの場合、当院の「ことばのきょうしつ」をきっかけに、歯科治療もスムーズに行っていただくことができます。

ちなみに、「嚥下訓練」や「聴力検査」はもちろん、言語聴覚士が得意とする「言語訓練」や「構音訓練」も開始するにあたり、必ず医師・歯科医師の指示が必要となります。我々歯科医師と言語聴覚士が協力し合うことはさまざまな相乗効果が得られ、大変良いことだと考えています。

口唇・口蓋裂という病気を先天的に持って生まれてきたお子さんは、早い段階で手術し、矯正歯科治療も保険適用で行うことができますが、どうしてもことばの発達に影響があるため、言語聴覚士が定期的に言語や構音の評価や指導を行います。それは通常大学病院などで行うケースが多いのですが、当院でも口蓋裂のお子さんの矯正歯科治療を行います。そのため言語聴覚士の先生と、「もっと密接に連携できたらいいな」と兼ねてから考えていたのもあります。

そんな思いを抱えていたら、幸運にも歯科医師会の一員として参加している坂出市の1歳6か月児健診や3歳児健診の時に保健師さんの方から、「先生の病院で『ことばのきょうしつ』もやってもらえないか」という話をいただきました。

私個人の歯科医師としての最終的な目標は「どの患者さんも食事や人との会話を心から楽しめること」に尽きます。

特に矯正歯科治療とは、歯並びや噛み合わせを改善することで「食事や会話が思い切り楽しめる喜び」を味わえる歯科医療です。

その一方で、生まれ持っての障害やさまざまな原因で言語に問題を抱えている患者さんに対応できないことがもどかしく、歯科医師としてもっとできることがあるのではないかと考えたときに「言語聴覚士の先生と協力する」という今のスタイルに至ったのです。

「ことばの発達」も「口腔内の発達」もトータルで診てあげたい

実際、私が地域のお子さんの1歳6か月児健診や3歳児健診に関わっていく中で、ことばの発達に問題を抱えているお子さんがとても多いことに驚きました。

例えるならば「ことばの発達」に問題があるお子さんは普通に風邪をひいているお子さんと同じくらいの感覚でたくさんいます。今後は食生活や生活環境の変化から、ますます増えていくと考えられます。

とはいえ、それを受け入れる体制は十分とはいえません。多くの地域で「療育」さえ1年待ちという状況があるのです。

そもそも言語聴覚士全体の中で、お子さん、つまり小児を扱っている言語聴覚士は2割とされており、8割の言語聴覚士は成人を扱っているというのもあるでしょう。しかしどの地域にも歯科医院はそこそこの数があります。もし近所の歯科医院の中に言語聴覚士がいて、そこで「ことばの発達」も「口腔内の発達」もワンストップで診ることができたら、それは多くの親御さんにとって理想的な環境なのではないかと考えています。

歯科医師が診る範囲と言語聴覚士が診る範囲の違い

「ことばの遅れ」といってもさまざまな原因があることはすでに説明した通りですが、「ことば」は大きく「話す能力＝speech（スピーチ）」と「話す・聞く・書くの言語＝language（ランゲージ）」に分類することができます。

私は歯科医師なので、口の中をみて、例えば歯並びの状態などがよくないから「発音」がスムーズにできないのだな、と気づくことができます。これは「スピーチ」の領域になります。

一方、言語聴覚士の先生は、来院したお子さんの「ことばの遅れの原因」が「口腔内にあるのか」「言語＝ランゲージ」にあるのか、そしてそれ以外にもお子さんの聴覚や嚥下機能、行動などのすべてを医師と協力して検査することができるので、お子さんのことばの遅れの原因をより深く観察したり特定したりすることができます。

「ことばの発達」が気になって当院にいらしたお子さんに対し、歯科医師と言語聴覚士が同じ場所にいることで、「言語」「構音」「口腔内」「発達の全体」「聴覚」「認知」「行動」などのすべてをワンストップでチェックすることが可能です。

早いお子さんは1歳10か月くらいからサポートをスタート

特に当院に常勤されている言語聴覚士の先生は、1歳6か月児健診前後のお子さんの「ことば」については、それが発達の個人差によるものなのか、何らかの障害があるものなのか、「コミュニケーションのためのことばの扱い方」をよく観察することで診断しています。

健診では「3歳くらいまでは様子をみましょう」と言われるのが一般的ですし、確かに発達の差である部分も多いのですが、言語聴覚士の先生は「ことば」の土台となる「コミュニケーション」をみることで、脳や心に問題がないかも確認しています。

当院には早いお子さんで2歳前くらいのお子さんもいらっしゃいますが、それくらい小さい月齢からでも、それぞれのお子さんの発達のために必要な刺激を与え、親御さんにも日常生活でのアドバイスをすることで、個人差はありますが、平均的な発達に追いつくこともあります。

ただし、何らかの発達障害がある場合は、その障害を完璧に治すことはできませんので、やはりお子さんの個性を生かし、お子さんやご家族の方が日常生活を送りやすくできるようにアドバイスやアプローチをしていくのです。

症例その1　2歳7か月で1語も話さなかったお子さん

1歳6か月児健診で引っかかったり、保健師さんに「ことばの遅れ」を指摘されても親御さんの心の準備が整っていないことが多く、実際に当院に来院されるのも、2

歳後半になってから、あるいは3歳児健診の後でサポートを開始するというお子さんの方が圧倒的に多いです。

あるいは、3歳児健診前後に、自治体の保健所や保健センターで、数回程度相談や面談を受けたあと、紹介されて当院に来院する人も多いです。

ここで紹介するお子さんも1歳6か月児健診の際に軽い指摘がありを様子をみていたけれど、なかなかことばの発達が見られず、心配になった親御さんが、自治体の相談を数回受けたあと、少しでも何かできることがあればということで当院の「ことばのきょうしつ」に来院されました。

その時点でお子さんは2歳7か月になっていましたが、はっきりと発話できる単語は一語もない状態でした。

こちらの言っていることも「何となく理解しているのかな？」という曖昧な反応しか見せてくれず、表情もぼんやりしていました。

最初の検査結果としては、言語理解が1歳10か月程度、発話が1歳7か月未満と、ことばの遅れは明らかでした。

このお子さんのお母さんもとても心配されていたので、そのあとは週に1回ペースで「ことばのきょうしつ」に通っていただきました。

このお子さんには絵カードなどを使って、ことばの一部分だけでも子どもが発話したら大人はそれを受け止め、子どもがもっと発話しようと意欲を高める取り組みをしました。

例えば「バナナ」だったら「バ」とか「くるま」を「ぶ」とか、音と意味をつなげて、お子さんが発している音を「周りの大人は理解しているよ」「コミュニケーションが取れているよ、楽しいね」、というアプローチを行ったのです。

実際、このお子さんのお母さんも「バ」や「ぶ」でもコミュニケーションが取れることに大喜びして、自宅でも「バナナ」を「バ」としか言わなくてもあえて言い直さずに「バ、だね」と、楽しくコミュニケーションをしてくれるようになりました。

「ことばのきょうしつ」に通いはじめてから2か月後ぐらいには、複数の絵カードの中から「座るものはどれ?」と聞くと、「いす」の絵カードを指すなど、言語理解面の伸びが見られました。

また、発話では、初めはことばの一部分だったものが、数か月後には2音や3音の単語に変化し、6か月後には2語文程度を発話できるようになっていました。

診断名をつけることよりも大事なこと

このお子さんの「ことばの遅れ」の原因については、はっきり診断名をつけていません。というより、当院では診断名がつけられません。

おそらく知的な障害の範疇に入ってくるか、言語だけが遅れる「特異的言語発達障害」というものに近いかなと思っていますが、今はもう4歳になっていて、私たちが「ちょっと静かにしようか」とお願いするくらい、本当によくおしゃべりするようにまで発達しています。

診断名をつけることについては「何のために診断名をつけるのか」と、保護者とよく話し合うようにしています。

診断名をつければ「○○という病気なのか」と安心・納得する部分もあるかもしれません。あるいは療育手帳や障害者手帳を取得することで医療費の控除やさまざまな優遇を受けられるということもあります。

こういった場合は「では○○の△△病院へ行って、診断名をつけてもらいましょう」とアドバイスします。

ただ、一般的には「周りの子どもと比べてちょっと遅いな」「ちょっと心配だな」という親御さんが多く、まさか自分の子どもに障害があるとは思っていないので、診断名をつけることでただショックを受けるだけだったり、パニックになったりするケースが多いのです。

先に紹介した2歳7か月のお子さんも、診断名はついていませんが、週1回の当院のアプローチとご家庭での適切なアプローチによって、日常生活には困らない程度まで発達していますから、特に診断名はいらない、ということになります。

大切なことは、お子さんを客観的に正しく理解し、その子にあった発達を促せるように寄り添ってあげることだけです。これは診断名がつかなくてもできることと考えています。

症例その2

4歳2か月で1語も話さなかったお子さん

次に4歳2か月で初めて「ことばのきょうしつ」に来たお子さんの事例をご紹介します。このお子さんは「自閉症スペクトラム障害」と診断名がついていて、最初の面談で個室の中をとにかく走り回っているお子さんでした。絵カードをやってみても、一つやったらすぐに立ち上がってしまい、走り回ってしまうような状態でした。「ことばの発達」としては自分の欲しいものを指したりする程度で、発話はない状態で、会話も成立しませんでした。

2週間後にもう一度「ことばのきょうしつ」に来てもらったのですが、その日はやることを一つひとつトレーにセットし、「このトレーを上から順番にやって下まで行ったら今日はおしまいですよ」という視覚的アプローチを取り入れたところ、一回も離席せずに課題を終了できました。

この経験をきっかけに、3回目、4回目も同じように「今日やること」の順番や「はじまり」と「おわり」を明確に伝えてトレーニングしたところ、実はこのお子さんが「ひらがな」が読めていることに気がつきました。そこで、そのお子さんが確実に読めているひらがなを中心に絵カードと文字カードを組み合わせるというゲームのようなものを行ったら、スラスラと解きはじめたのです。

さらにグレードアップして、例えば「ぼうし」「あか」「おおきい」「ひこうき」「おとこのこ」といった感じでランダムに単語カードを散らし、このカードを組み合わせて表現してもらうように促したところ「おおきいあかいぼうし」とか「おとこのこがひこうきにのる」などの3語文を表現することができました。

この時点で発話は単語として話せることばは一つもなく、「あ」「あ」と繰り返す程度でしたが、ひらがなが読めていることがわかったので、50音表を使って「欲しいものがあるときは、それを指して教えて」とお願いし、練習してもらいました。

指さしコミュニケーションから、音声によるコミュニケーションに興味を持つようになった

半年後には、自分で小さい50音表を携帯するようになり、保育園でもそれを使って、

欲しいものがあれば、先生のところへ行って、指さしで要求するようになりました。

こんなことを繰り返しているうちに、お子さん自身が音声によるコミュニケーションに興味を持ったようで、自分で声を出してひらがなを読むようになり、4歳2か月になったころには、「あ」「あ」しか出せなかった構音がみるみる発達し、5歳6か月ではほとんど遜色なくおしゃべりできるようになっていました。

症例その3　年長さん（6歳）で構音障害が改善

次は年長さんになっても「かきくけこ」が「たちつてと」になってしまう、「さしすせそ」も「たちつてと」になってしまう、「がぎぐげご」が「だぁでぃどぅでぇど」になってしまう、といった典型的な「機能性構音障害」のお子さんの例です。

「機能性構音障害」とは、顎・唇・舌などの構音器官の形態異常や運動神経の病変、聴覚障害など、構音障害の直接的な原因が明らかでないにもかかわらず、言語症状として構音に誤りが認められる状態です。

通常ですと、2~3歳くらいのお子さんにも先に挙げたような言い間違いがよく起こるのですが、それは構音障害ではなく、ただの発達の過程によるものです。しかし、小学生目前になっても、例えば「サカナ」を「タカナ」と言ったり、「つみき」を「ちゅみき」と言ったりする場合は、機能性構音障害の可能性があります。

当院にいらしたお子さんは、保育園での生活は問題なく「ことばのきょうしつ」の最中にも、もぞもぞ動いたり、集中力を切らしたりすることもありませんでした。本当に「構音の問題」だけなのです。

そのため「音の出し方」にのみフォーカスしたトレーニングを行い、お子さんも真面目に取り組んでくれました。ご自宅でもしっかりトレーニングの復習をしてもらって、約10回程度のトレーニングでプログラムは終了することができました。

ちなみに、「ことばのきょうしつ」で行ったプログラムの中で8割程度習得できているものについては、自宅でも次回までの宿題としてトレーニングしてもらうようにしています。一方、親御さんが誤った方法でプログラムを進めてしまったり、お子さんの習得度が8割に満たないようなトレーニングについては、間違ったまま覚えてしまうことがないよう、家庭で予習復習することについては避けてもらっています。

このお子さんの場合、機能性構音障害の原因はおそらく幼少期の構音を獲得しはじめる時期に、何らかの間違った学習をしてしまった可能性が高かったのではないかと考えていますが、はっきりとした原因はわかりません。

赤ちゃんことばの乱用は機能性構音障害の原因になるの？

このお子さんではないですが、あまりに長期間赤ちゃんことばで話しかけすぎた結果、機能性構音障害になることもあります。

基本的に赤ちゃんことばはお子さんにとって使いやすいことばなので、普通に使う分には何の問題もないですし、むしろコミュニケーションの楽しみを感じるために赤ちゃんことばを奨励する研究もあるほどです。

しかし、あまりにも長い期間赤ちゃんことばで話しかけすぎると、お子さんの中にはずれた発音のまま覚えてしまって後になっても修正できなかったり、「日本語の音の構成」をなかなか覚えられなかったりするケースもあるのです。ですから、「適切な時期になったら赤ちゃんことばはやめましょう」というのが言語聴覚士の見解です。

バイリンガル環境が機能性構音障害の原因に？

また、バイリンガルのお子さんの中にも実は「機能性構音障害」になる人が案外多くいます。つまりご両親の出身国が異なる場合、母国語が何になるかという問題があるのです。

ご家庭では中国語なのに、保育園では日本語だったり、親御さんがプライベートではお子さんと英語（または中国語など日本語以外の言語）などの外国語しか話さないのに、保育園や幼稚園では親御さんも日本語で話す、といった場合、お子さんはなかなか日本語の発音の学習量が追いつかず、機能性構音障害が出てしまうケースがあります。

言い直しよりもコミュニケーションを楽しんで

とはいえ、機能性構音障害の原因は基本的にはわかっていません。また、一般的に訓練を4～6歳でスタートし、1～2週間に1回程度を、毎日の家庭学習とともに取り組むことでかなり改善されるケースが多いのです。

熱心な親御さんほど、「『ちゅみき』じゃなくて『つみき』、言ってごらん」と、発音を訂正したり言い直しさせたりしがちですが、何らかの理由でその音や構音の習得時期に達していないお子さんに無理やり修正させるのは、かなり厳しい要求になります。それよりは発音が間違っていても、コミュニケーションを楽しんだりいろいろな食材を食べたりして、お口全体の発達を促すことが大切です。

根本の問題を解決することで吃音も改善

吃音の相談はとても多いのですが、実際のところ「吃音」の問題だけを抱えているお子さんは多くなく、ほとんどの吃音のお子さんは「ことばの発達」の問題も抱えています。

具体的には、障害の有無とは関係なく、単純に自分が思ったことを表現するだけの力がまだついていないからどもってしまうというケースです。このようなお子さんの場合、そのお子さんに応じた言語訓練をすることが多く、それで改善するケースがほとんどですが、特別な言語訓練をしなくても、言語を含むお子さんの全体的な発達とともに症状が自然治癒するケースも多いといえます。

問題は親御さんがお子さんの「吃音」ばかりが気になって、ことばの遅れにはまったく気がついていないケースが多いということです。

親御さんは「言い直し」をさせたり「注意」をしたりしがちですが、それでは逆に状況が悪化することもあるのです。

吃音は吃音そのものよりも、吃音によって起こる本人の「感情（恥ずかしい）（なんでだろう?）」や「態度（消極的になるなど）」に配慮する必要があります。

そのため吃音の出はじめは専門家でも「吃音には触れず、しばらく放っておいて様子をみましょう」とする先生も多いのです。

初めは、親御さんにも「まだ子どもで全体的に未発達だから仕方ない」、とおおらかに受け止めていただき、「あなたの話し方でも伝わっているから大丈夫」「上手に伝えられているね」と、むしろこれまでの発達を積極的に褒めてあげることが大切です。

吃音の直接的な言語指導

言語聴覚士の先生は吃音のある子どもに対し、どうすれば苦しさを解消できるか、どうすればより生活しやすくなるかを一緒に考えアドバイスしてくれます。楽な声の出し方、吃音がでやすい単語の楽な発声方法の練習、どもってしまっても楽にリカバーできる方法なども指導してくれます。また親御さんに吃音のあるお子さんをどのように周囲に理解してもらうかなどのアドバイスもしてくれます。

ただし、吃音そのものについて原因は特定されていませんし、治療法もさまざまで、わからないことばかりなのです。

口唇・口蓋裂のお子さんと矯正歯科治療

口唇・口蓋裂（以下、口蓋裂）とは先天性疾患で口唇や口蓋などに裂のある状態で生まれてくることをいいます。

口蓋裂が起こる原因は今のところ解明されていませんが、4～12週という妊娠初期の胎児期において、唇や口蓋の組織の癒合が不十分な状態のまま生まれてくることで、原因についてはいくつかの要因が重なって発症し、遺伝的要因と環境要因が絡んでいると考えられています。日本人では約500人に一人の割合で口蓋裂のお子さんが生まれてくるので、比較的多い先天性疾患の一つです。

また口蓋裂のお子さんの中には、心臓や耳、知的障害などの問題を持つ可能性が高いことも指摘されています。

口蓋裂のお子さんの矯正歯科治療とことばの問題

口蓋裂のお子さんは、手術で裂を閉鎖し、形態や機能をできる限り正常にすることが先決です。また、手術の後も発育に応じて生じる問題に対して治療を継続する必要があります。

具体的には授乳が困難であること、言語障害や歯列・咬合の問題、中耳炎の発生が多いといったことから、定期的な通院（概ね20歳くらいまで）と経過観察、専門スタッフによる指導やトレーニング、ときに療育が必要となります。

ただし、口蓋裂の治療や手術は非常に進歩していて、家族の会や社会保障制度も充実しています。

例えば、口蓋裂のお子さんの場合、比較的早期から矯正歯科治療を行います。大抵の場合、上顎の発達が良くなかったり、裂の影響で歯の生え方に異常が起こったりするので矯正歯科治療が必要なのです。その際に言語聴覚士による言語の指導も並行して行います。

しかもこれらの治療は、お子さんであれば保険適用で治療できるのです。現代は、さまざまな治療や制度により、口蓋裂で生まれても、日常生活上のハンディキャップはほとんどないことも理解してほしいと思います。

口蓋裂のあるお子さんの多くが、ことばの出はじめが遅れる傾向にあることは指摘されています。

しかしこれは機能的な問題が原因であることが多く、先に紹介したいようにきちんと手術や発達に応じた治療を続けることで、3〜4歳ごろまでには発達が追いつき、正常な言語の発達になるお子さんが多いのでそこまで心配する必要はありません。

口唇・口蓋裂のお子さんの言語指導

口蓋裂のお子さんの治療には、形成外科医・耳鼻咽喉科医・口腔外科や矯正専門の歯科医師・言語聴覚士などがチームとなって長期に渡って関わっていきます。

歯列に関しては、口蓋裂のお子さんは反対咬合や歯列の形成異常が起こりやすいので、顎の発育の様子を観察しながら、7〜8歳ごろに矯正歯科治療を行うお子さんが多いですが、お子さんの状態によってはもう少し早い4歳ごろからの矯正を行う場合もあります。

さらに永久歯列が完成する11〜12歳ごろに、大人の歯列矯正を行うことを検討します。顎の発達が完了するのは18歳ごろなので、18〜20歳くらいまでは継続して様子を確認していく必要があり、治療は非常に長期に及ぶのです。ことばについては「言語管理」と「構音訓練」を行います。構音訓練は通常4歳ごろからスタートするケースがほとんどです。

ただし、正常な構音を獲得するまで指導することと、それを継続的に評価していくことが必要で、この評価を「言語管理」と呼びます。言語管理と構音訓練で正常な構音を獲得することができても、途中治療を中断した場合や、発達の変化で、成人以降に治療を再開することもあります。

口蓋裂のお子さんのことばの発達について親御さんは心配して当然ですが、他に難聴などの問題がなく、先に紹介したような機能面の治療を適切な時期に受けていくことで、正常に発達していきます。口蓋裂があってもなくても、基本的なことばの育て方、お口の育て方は同じで、咀嚼や運動、そして十分なコミュニケーションが基本となります。

口蓋裂の治療ステップ

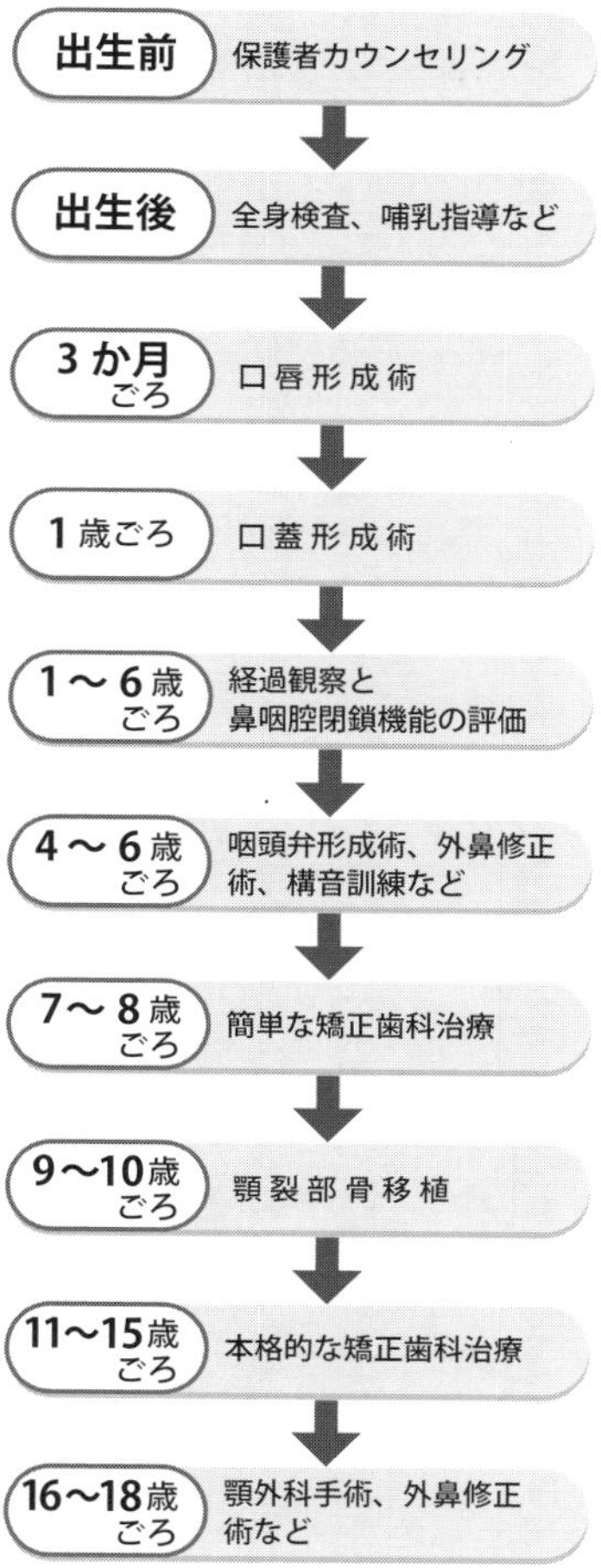

出典：『図解　やさしくわかる言語聴覚障害』ナツメ社刊より一部改変

「エレクトロパラトグラフィ」とは

舌と口蓋の接触を確認する装置であり、技術のことです。口蓋裂などが原因で構音に問題がある場合、構音訓練を行いますが、言語聴覚士などによる定期的なチェックと指導の他に、毎日のことなのでご家庭でも補助的に指導や観察をしていただく必要があります。

その際、親御さんでもご自分のお子さんの構音のどこに問題があるのか、イマイチ理解できない場合があります。例えば「ラ行」に注意が必要だ、「タ行」に注意が必要だ、といった細かい情報に落とし込んであげないと、親御さんも何を注意していいかわからなくなってしまうのです。

エレクトロパラトグラフィは構音時の舌と口蓋の接触の様子を視覚的に観察する技術なので、構音の問題点を見逃さず、また訓練の成果を確認することもできます。当院ではこのような技術も取り入れて治療をすることで、治療効果をさらに高めています。

「鼻咽腔内視鏡」とは

お口の中から見た上顎は硬い骨でできていますが、奥は柔らかい組織になっています。その先に口蓋垂（通称：喉彦、喉沈降）が見えます。その部分は軟口蓋と呼ばれます。軟口蓋は飲み込みや発音の時に動きますが、上手に動かない場合はいろいろな問題が出てしまいます。特にことばには問題が大きく、鼻に抜ける音などが代表的な問題です。改善するためには口腔内装置を用いたり、咽頭弁形成手術などを行います。

軟口蓋の動きを確認するためには、喉の奥で直接見ることが難しいので、閉鎖しているかの確認や動きについて見るためには、鼻からカメラを入れて上から動きを見る必要があります。鼻咽腔内視鏡を用いることで、形成外科医、口腔外科医は手術の時期を検討することができます。また本人やお母さんも何が原因かよく理解することができます。

特に前述のエレクトロパラトグラフィに加え、音声録音を併用すると、より具体的に現状を把握することができます。しかしながら鼻咽腔内視鏡を持っている歯科医院はごくわずかです。しかし、口蓋裂のお子さんや先天性疾患の子どもたちのことばについては、とても重要な検査になります。ただ本人は鼻からカメラを入れるので、とても怖くて大変です。麻酔などを行い、できるだけ痛くないように撮影します。

「MFT(Myofunctional Therapy)」とは

「口腔筋機能療法」といわれ、お口の周りの筋肉や舌の筋肉のトレーニングです。筋力がない場合に行う方法で、お口がいつも開いている、舌がいつも見えているなどの場合に行う方法になります。

主には歯科衛生士がプログラムに沿って行っており、ビデオ録画を行って評価していきます。言語治療と混同されますが、MFTでことばの評価を行うことはできません。当院ではMFTをエレクトロパラトグラフィで評価しており、歯科衛生士が学会発表などをしております。

PART 4

お子さんとお母さんが楽しみながらできる「お口とことばを育てるレッスン」

「お口とことばを育てるレッスン」とは？

お子さんの「ことば」の問題を考えるにあたり、お子さんの問題が「構音」にあるのか「言語」にあるのかをみると、より適切なケアを促してあげることができます。

この章では、ご家庭でお子さんと気軽に取り組める「お口とことばを育てるレッスン」についてご紹介します。

前半の7レッスンは「構音力」を高めるもの、後半の6レッスンは「言語力」を高めるものとなります。

紹介しているレッスンは順番通りに行う必要はなく、できるものから少しずつトライしていただければと思います。

また、一回できたらＯＫということではなく、どれも継続することでお子さんの「ことば」の発達を促すものなので、楽しみながら続けてみてください。

構音を育てる1：モグモグ食べ

咀嚼や嚥下機能は、概ね3歳ごろに完成します。例えば3歳なら大きめの唐揚げをお皿に出してあげると、それを一度に全部詰め込んでフガフガと食べるのではなく、自分の歯で自分の一口大に噛みちぎり、適量を口の中に入れ残りはお皿に置いておき、しっかりモグモグ噛んで食べているのが目安ですし、できていなければそのように促します。

噛んでいる時にもくちゃくちゃと音を立てたり、お口の中が見えるような咀嚼の仕方はまだ「幼い」食べ方で、もちろん教えてあげることが必要ですが、咀嚼力が育っていないと、どうしても音が立ってしまうことを親御さんも知っておきましょう。一口大に噛みちぎり、音を立てずにしっかりモグモグ噛んでから飲み込む。このモグモグの時には奥歯も使ってしっかり咀嚼することを親御さんが辛抱強く教えてあげてほしいと思います。

奥歯が生えそろう3歳6か月くらいまでは「焼肉や焼き魚、いか、たこなどの歯ごたえのあるもの」や「こんにゃくやかまぼこなど弾力のあるもの」「海藻類や野菜など食物繊維が豊富で舌触りがあるもの」など、さまざまな食感をさまざまな食品から楽しんでもらい、食べることの楽しさと咀嚼の習得の両方を体得してもらいたい時期です。

構音を育てる2：クチュクチュ・ぶくぶく・ガラガラうがいの練習

うがいについても実は発達のプロセスがあります。赤ちゃんはうがいができませんが、多くのお子さんは離乳食と同時に親御さんによる歯磨きをはじめますので、そのあたりから親御さんは、歯磨きとセットでうがいをさせたいと思いはじめるでしょう。だいたいスプーンがグーで持てるようになる1歳ごろからは、お子さんご自身が歯ブラシを持ちたがるので、コップを持たせてうがいに挑戦させるのは良いことです。

とはいえ、大人がするような「ぶくぶくうがい」は顎・唇・頬・舌などあらゆる顔の筋肉を使うので、お子さんにとってはとても難しいことだと知っておいてください。根気よく教えてあげれば、早いお子さんで1歳6か月ごろから大人の真似をして少しずつ口をゆすぐことができるようになるはずです。このプロセスそのものが口腔内の発達を促します。

一般的には2歳ごろでぶくぶくうがいができるようになるお子さんが多く、3歳では50％程度のお子さんができるようになるとされています。

ぶくぶくうがいの練習方法

①コップからお口にお水を移し、「ぺーっ」と出す練習を親御さんと一緒に行う
②お口にお水を入れ、しっかり唇を閉じて、お口の中に水をためておいてから、「ぺーっ」と出す練習を行う
③アップップの要領で、お口に空気を入れてほっぺを膨らませたら、それを左右移動することでほっぺの筋肉を動かす練習を行う
④③ができるようになったらお水をお口に入れて左右に動かして吐き出す練習をする
⑤お水を上の前歯のあたりや、下の前歯に移してクチュクチュする練習に進む

さらにハードルが高いのは「ガラガラうがい」です。ぶくぶくうがいができるようになったら、ガラガラうがいも教えてOKです。

まずは顔を天井に向けて「あ〜」と声を出す練習をさせてみましょう。これができるようになったら、お口に少量のお水を含ませ、飲まないようにキープしたまま同じことをするように誘導します。毎日少しずつ練習するようにしましょう。

構音を育てる3：お口を育てるおやつを選ぼう

離乳食がはじまっても、最初はそれほど量が食べられませんから乳幼児のうちは「補食」の意味も含めて「良質なおやつ」をあげることは問題ありません。ただし、おやつについても、お口を育てるおやつを親御さんが選べるようになるとそれが「口育」になります。

よく知られているように、砂糖を大量に含んだお菓子やジュース類は、口腔内のむし歯菌を活性化させてしまうため、むし歯になりやすい口腔内環境を作ってしまいます。代表的なものが「クッキー・チョコレート・飴・キャラメル・ジュース」などです。

与えるとしても最小限、あるいは一日1回、一週間に1回など親御さんがしっかり

管理してメリハリをつけた与え方をし、食べた後はうがいや歯磨きをなるべく早く行うように誘導します。万一歯磨きができない状況であれば、お水や麦茶などをしっかり飲んでお口の中に砂糖が長く残らないような工夫をしましょう。

ちなみに「補食」にもなる良いおやつといえば「おしゃぶり昆布・煮干し・豆・リンゴなどの歯ごたえのあるフルーツ・ほしいも」などです。

時々は笛吹きラムネやポッキーもOK

「良いおやつ」で紹介したものは、どれもお口の中で咀嚼が必要なもので、お子さんの噛む力を育てるのに役立ちます。咀嚼をすることで、唾液がしっかり分泌され、口腔内が清潔に保たれるだけでなく、歯の再石灰化が促され、丈夫な歯を作ることや、顎が強化されるので歯並びを正しく育むことにも役立ちます。もちろん脳の発達にも良いのです。さらに、お子さんが3歳くらいになったら市販のおやつを使ってさらに高度な「口育」をすることができます。

笛吹きラムネ

親御さんにとっても懐かしいおやつの一つ「笛吹きラムネ」ですが、お子さんにとっては案外難しいはずです。まずは上下の唇にラムネを挟むことも、唇の力が弱いとできません。さらに安定して固定できたら、優しく息を吹いて音を鳴らしますが、呼吸のコントロールができないとすぐにラムネが唇から落ちてしまいます。最初は鏡を見てラムネを唇で固定する練習をするのも良いでしょう。上手に音を鳴らすことができたらしっかり褒めてあげるとお子さんは大喜びします。

手を使わないでポッキーを食べる

親御さんがお子さんの唇にポッキーを1本挟んであげたら、お子さんは手を使わず、歯と唇だけでポッキーをしっかり食べすすめていくように誘導してみてください。唇や歯の力が弱いとポッキーは簡単に落ちてしまいますし、唇の右や左に激しく動いてしまったりします。できるだけまっすぐ、落とさずに食べるというゲームにすると良いでしょう。

ヨーグルトのふたを上手に舐める

親御さんによっては絶対させたくないことかもしれませんが、ヨーグルトやアイス、ケーキのラップに付着している部分を、舌を使って上手に舐めてきれいにする、というのも、意外に舌のコントロールや強化に効果的です。

舌先でぺろぺろと舐めるだけでは、口の周りや鼻先にヨーグルトなどがついてしまいます。「あっかんべー」のように舌をしっかり突き出して「ペロン」とすくい上げるように促し、上手に舌が支えたら褒めてあげましょう。もちろんマナーも教えてあげてください。

構音を育てる4：お口を育てる遊びを親子で楽しもう～道具を使わない遊び～

お子さんが0歳のうちから、道具を使わずにお口を育てる遊びを取り入れることはできます。お口を育てる遊びのほとんどが「脳を育てる遊び」ですので、積極的に取り入れると良いでしょう。ただし、親御さんの方に「楽しんで」やってほしいと思います。0歳の赤ちゃんでも親御さんの気持ちはしっかり伝わっていますよ。

いないいないばあ

親御さんがお顔を両手で隠して「ばあ」と見せるだけの単純な遊びですが、これは生まれたての赤ちゃんにも喜ばれます。この遊びによって脳の中でも「短期記憶（ワーキングメモリー）」の力が育つことがよく知られていて、「予測する」「期待する」といった能力も育まれます。根気よく続けていくと生後10か月前後で赤ちゃんの記憶量や脳の海馬が活性化することも脳科学的に説明されています。また周囲の人への関心やことばへの興味も育ててくれます。

「いないいないばあ」は世界各国で共通の遊びでもあり、3歳くらいまではバリエーションをつければ喜んでくれる遊びの一つです。

にらめっこ

「だーるまさん、だーるまさん、にらめっこしましょ、わらうとまけよ、あっぷっぷ」でお馴染みのお顔を使った遊びも実は奥の深い遊びです。人の顔をしっかり見つめる、笑ってはいけないという簡単なルールを遊びの中で学ぶ、さまざまな表情を作ることで顔や口の筋肉も育てます。大笑いすることは脳にも呼吸にも発達促進効果があります。

手遊びやわらべ歌

「あーがりめ、さーがりめ、ぐるっとまわして、にゃんこのめ」「げんこつやまのたぬきさん」「むすんでひらいて」「あたま・かた・ひざ・ぽん」「一本橋こちょこちょ」といったわらべ歌を使った手遊びや顔遊びもお子さんの表情を豊かに育み、お口を育てる遊びですし、コミュニケーション能力を育てるのにも効果的です。「視覚」「聴覚」「触覚」を刺激し、ことばの理解も促します。

構音を育てる5：お口を育てる遊びを親子で楽しもう〜道具を使う遊び〜

お子さんが2歳後半〜3歳ごろになると遊びのバリエーションも増えてくると思います。特に雨の日には次にご紹介するような遊びを親子で楽しんでいただけると「口育」にもなりますのでぜひお試しください。

紙風船

息を上手に吐くことができるようになると、紙風船を膨らますことができるようになります。しかし、何度も息を吹き入れないと、なかなかまん丸パンパンにはなりません。紙風船を膨らましている時のお子さんのお顔を観察してみてください。唇や頬の筋肉をフル活用しているのがわかると思います。これがお口の力を育てます。

ゴム風船

呼吸の力がしっかり育ってくるとゴムの風船も膨らませるようになるでしょう。商品によってゴムの硬さが違いますが、柔らかいものであれば2歳半くらいから小さく膨らませるかもしれません。風船が飛んでいくのを追うのも楽しい遊びです。

吹き戻し

口にくわえて息を吹くと、ピーッという音とともにカラフルな紙がスルスル伸び、後からクルクル戻ってくる懐かしいおもちゃが「吹き戻し」です。呼吸の強弱によって紙の伸び方や音が変わってくるのも、お子さんが喜ぶポイントです。

ラッパやハーモニカ

紙風船やゴム風船遊び、吹き戻しで必要なのは唇の力や頬の力だけでなく呼吸の力です。鼻呼吸を身につけさせ、しっかり息を吸って吐くことは脳や言語の発達にも不可欠です。生後6〜9か月など、1歳未満でも安全に使えるラッパなどのおもちゃはたくさん市販されているので、そのくらいの月齢から息を吹いて音を出すおもちゃを与えるのも良いですし、「2歳、3歳になって呼吸の力が弱いな」と感じるお子さんであれば、子ども用のハーモニカや笛などの遊びを取り入れるのも良いでしょう。

吹き上げパイプ

さらに高度な遊びですが、懐かしい「吹き上げパイプ」もお子さんが大喜びする昔ながらのおもちゃの一つです。なんと最近は高齢者の「誤嚥予防」エクササイズにもこの吹き上げパイプが「長息パイプ」として売れているというニュースもあり、息を

コントロールしてゆっくり深く吐くことが、口・喉・肺などを強化することがよく知られるようになっています。できるだけボールを落とさないように、そしてできるだけ長くボールを浮かせていられるように、お子さんと競争してみてください。

シャボン玉

2歳ですとまだ誤飲してしまうお子さんが多いですが、3歳を過ぎて息を上手に吐けるようになると、シャボン玉も上手にできるようになるでしょう。息を強く、短く吐くとなかなか上手にできません。ゆっくり優しく息を吐くと、大きいシャボン玉ができますし、少し強めに吐くと小さいシャボン玉がたくさんできます。シャボン玉の大きさを自分でコントロールできるようになるとより楽しくなるはずです。仮に誤飲しても大丈夫なように、安全性の高いシャボン液を親御さんが手作りしてあげれば安心です。

構音を育てる6：音読やことば遊びでしっかり、はっきり声を出す練習を

ことばの問題を抱えたお子さんご自身が、親御さんや先生からの注意、お友達からの指摘で自分の話し方やことばに自信を失うと、人見知りの時期を過ぎても人前に出るのを極端に嫌がったり、お友達に対しても消極的になったりしがちです。親御さんが一緒にいられる場面ではカバーしてあげられますが、保育園や幼稚園、小学校でもそれが続くのかと想像すると親御さんは心配になることでしょう。

もちろん、発達に何の問題もなくても、性格的におとなしいお子さんの場合、どうしても消極的だったり、声が小さくなることは十分あり得ます。そのため、親御さんとしてはお子さんをしっかり観察してあげて、その子の個性によるものなのか、あるいは精神面や肉体面の問題なのかを見極めてあげる必要があります。

あいさつは大きな声で、とルールを作る

核家族だったり、親御さんが忙しい状況であると、お子さんが積極的に大きな声を出してコミュニケーションを楽しむ機会がそもそも少ない可能性があります。せめて「おはよう」「いただきます」「ごちそうさま」「こんにちは」「行ってきます」「ただいま」だけは大きな声で元気よく言おうね、と約束したり、また親御さんもご家族やご近所の方にその姿を徹底して見せてあげると良いでしょう。

大きな声で音読を楽しむ

少しずつ絵本が読めるようになってきたら、お子さんに音読をしてもらうと良いでしょう。あるいは親御さんの方もお手本となって、大きな声でしっかりハキハキと絵本を読んであげたりして、それがとても気持ちの良いことであるということを自然に教えてあげると、お子さんも恥ずかしがらずに声を出せるようになります。

正しい口の動かし方を練習する

正しく口を動かせないと話しづらくなってしまいます。ことばを覚えるタイミングで「あいうえお」を大きなお口で正しくはっきりと言えるように練習するのも大切です。「早口ことば」や「回文」などのことば遊びに触れるのも良いでしょう。

構音を育てる7：体を使った遊び（運動）は顎や口、頭も育てる

文部科学省は「幼児期運動指針」を発表しており（ここでの幼児期とは3～6歳の未就学児を指しています）、その指針の中で幼児は「毎日、合計60分以上、体を動かす時間」を目安にすることを推奨しています。

「毎日、合計60分以上」はＷＨＯ（世界保健機構）でも推奨しているスタンダードな時間の目安ですが、日本の文部科学省が実施した調査では外遊びをする時間が長い幼児ほど体力が高いものの、４割を超える幼児の外遊び時間が一日1時間未満だったと報告しています。

「幼児期運動指針」では、幼児が体を十分に動かす遊びをすることは「体力・運動能力の向上」「健康的な体の育成」「意欲的な心の育成」「社会適応力の発達」「認知的能力の発達」にも重要であると説明されています。

まさに、幼少期は運動機能が急速に発達することに伴い体も発達し、多様な動きを身につけていく時期なのです。

しかし、社会環境や生活様式の変化で、現代のお子さんは体を動かす時間がかなり

減っています。私が幼稚園や小学校のころは、「運動会の入場・行進の練習」や「起立・礼・着席」なども繰り返し教えられましたし、あいさつなどで大きな声を出す練習もありました。そういった機会も現在はなくなり、子どもたちの体は口腔環境も含めて昔とは違ってきていると感じます。

「指しゃぶり」も外遊びで自然に消えるケースが多い

例えば「指しゃぶり」をするお子さんは昔からいますが、外遊びをすることで自然と社会性が身につき3歳くらいまでには自然に卒業できる子が圧倒的に多かったのです。また、高いところから飛び降りたり、もちろん普通に追いかけっこをしたりするだけでも「骨」に刺激が入り、骨格を成長させます。この骨格には「顎」も含まれ、顎の発達は歯並びに多大な影響を与えます。

歯並びが悪くなる原因は顎が小さいまま永久歯が生えてきて、顎のサイズと歯の大きさがアンバランスであることや、長年の指しゃぶりの癖などが主な原因で起こりますが、いずれも外遊びを十分に行うことでそのリスクは自然と減らすことができるのです。体を使った遊びがお口の発達にも不可欠であることをもっと知ってほしいと思います。

言語を育てる1：スキンシップを十分に行う

「皮膚は第二の脳」「子どもの脳は肌にある」という有名なことばがありますが、乳幼児期の親子のスキンシップは「愛着の形成」のために不可欠だということが研究報告されています。

特に重要な時期は産後すぐと、そして生後半年〜1歳6か月くらいまでの間とされますが、乳児の期間は泣くとすぐに助けてくれる、抱きしめて安心させてくれる存在がいることでお子さんは「自分は守られている」「愛されている」といった「自己肯定感」につながる自信を身につけていき、脳を発達させていくのです。

親も子も十分なスキンシップで愛情や愛着を形成していくと、その際に「オキシトシン」というホルモンが分泌されることがよく知られています。オキシトシンは「安心」「癒し」「愛情」ホルモンともいわれる重要なホルモンの一つですが、ことばの問題を抱えるお子さんの中でも、特に自閉症スペクトラム障害のお子さんの脳は「オキシトシン濃度」がやや低い傾向にあるという報告もあります。

いずれにせよ、お子さんとのスキンシップはお子さんの精神面を安定させるだけでなく脳の安定にも効果があり、それがお子さんの落ち着いた言動や発達につながると理解してよいでしょう。

そもそもまだことばをほとんど持たない赤ちゃんや、1～3歳のお子さんとのコミュニケーションは「ことば」より「スキンシップ」の方が効果的です。お子さんの方もスキンシップを求めることで甘えや愛情、あるいは興味や不安などを表現していますし、スキンシップをすればするほど、お子さんは笑顔を見せてくれるので、親御さんの方も子育ての不安を解消し、育児を楽しめるようになるはずです。

おすすめのスキンシップ

抱っこ／おんぶ／ハグ／頭を撫でる／背中をさする／手をつなぐ／膝に乗せる／保湿をしてあげる　など

言語を育てる2：アイコンタクト、視線をしっかり交わす

スキンシップ同様に重要なコミュニケーションが「アイコンタクト」です。乳幼児であればお母さんがにっこり目を見て微笑んであげるだけでも安心を受け取り、スキンシップ同様そこから愛情を形成していきます。

お子さんがつかまり立ちや独り歩きをはじめるようになったら、特に意識してほしいことは、なるべくお子さんと目線を合わせてお話を聞いたり、お話ししてあげたりすることです。子どもの視界に親御さんが入ってあげながらコミュニケーションをすることで、お子さんの方も理解しやすくなり、ことばの発達にも効果的なのです。

生後8か月くらいから、お子さんは親御さんの表情を読んでいるといわれていますので、親御さんの感情と表情を一致させないと、お子さんの頭の中は混乱してしまいます。例えばスマホを見ながらお子さんと目も合わせず「すごいね～」と褒めたり、仕事のことを考えながら無表情に「大好き」と言っても、感情と表情は一致していないのでお子さんはそのことばの意味をきちんと理解しづらくなってしまうのです。

親御さんのことばと表情が一致していないと、子どもの脳は混乱する

3歳くらいになってくると、お子さんは親御さんの表情をしっかり読み取るようになっています。もちろん赤ちゃんに対しても同様ですが、心が他のことにありながらも適当にお子さんとコミュニケーションを済ませようとしたり、疲れを隠しながらコミュニケーションを取ろうとしてもお子さんには確実に伝わっているものです。お子さんに対しては、なるべく嘘のない誠実なコミュニケーション、目と目を合わせたコミュニケーションを心がけてください。

特に3歳以降はごまかしがきかなくなります。お母さんが無表情や不機嫌、疲れているといった状況にお子さんは非常に敏感で、それを隠したり嘘をついたりしても、お子さんには気づかれてしまうものです。

お子さんと目があった時に、心からにっこり目を合わせてあげることが、お子さんの安心と信頼を育むことにつながります。アイコンタクトをおろそかにしてはいけません。

言語を育てる3：絵本の読み聞かせは0歳から

絵本の読み聞かせは0歳からスタートできますので、ぜひ親子で楽しんでいただきたいと思います。

0歳であっても読み聞かせをしてあげると、脳の「言語野」が刺激され、脳の神経回路も活発に形成されていきます。

ただし、0歳にとっての絵本とは、「親子のコミュニケーションのための道具」といった位置付けで、絵本の内容はほとんど関係ありません。お子さんの反応や興味に合わせて、親御さんが随時、ことばやセリフを加えてあげたり、絵の内容を説明してあげたりして、お子さんとのコミュニケーションを楽しむために使うように心がけてください。

もちろん、絵本の力を借りれば、日常生活では使わないようなことばもたくさん登場してくるので、語彙の種まきにもなりますし、表現力、推察力などの種まきにもなっています。

お子さんが聞いていなくても、親御さんが読み続ければOK

また0~2歳くらいまでのお子さんにとって、絵本はおもちゃと同じようなものです。舐めたり、投げたり、破いたりするのは当然ですから、そのようなことが起こってもおおらかに対応してあげてください。

3歳くらいまでは集中力も高くないので、お母さんがせっかく読み聞かせをしていても、お子さんは立ち上がってしまったり、別のおもちゃに興味を示して聞いてくれないようなこともあるでしょう。

それでも親御さんの方が同じ室内で、楽しそうに読み続ければ、大抵のお子さんは絵本を見ていなくてもしっかりお話を聞いているものです。あまり必死に「読み聞かせよう」「内容を理解させよう」「ことばを覚えさせよう」とするのではなく、「絵を一緒に見て楽しめたらいいな」「親である私が楽しいな」という感覚で気楽に読み聞かせを行ってほしいと思います。

特に発達障害があるお子さんは、黙って座って絵本を見て聞いているなんてことはほとんどできません。しかし、うろちょろされていても同じ室内で親御さんが楽しく読み続ければ、まるでＢＧＭのようにお子さんの耳には届きます。毎日続けていれば、時間がかかっても必ずお子さんが寄ってきて、一緒に見られる（読める）ようになっていきます。

言語を育てる4：未就学児の読み聞かせのコツ

3歳後半くらいからは、絵本はただ読むだけでも良いですが、時々は簡単なやり取りをしながら読むことをおすすめします。

子どもは同じ絵本を繰り返し読んでほしいと頼んでくる傾向があるので、何度も読んでいる絵本であれば、例えば「この後は誰が出てくるんだっけ？」と質問を投げかけたり、「どうしてこうなったんだと思う？」など物語の内容を話してみたり、親子で会話をしながら読み進めていくと、ことばを育てるのにも、相手の気持ちを考えたり、コミュニケーション能力を高めるのにも効果的です。

年齢別に異なる絵本の選び方

0〜2歳くらいまでの絵本は、描かれている絵やカラフルな色使い、ことばのリズム、オノマトペを楽しんだりするものがほとんどですが、3歳くらいになったら少しずつストーリー性のあるものを読んであげると、お子さんの興味や関心が広がります。ただし、一ページに多くても5行程度で、文字数も少なく、一冊が多くても20〜30ページ程度の、適度なボリュームの一冊を選ぶようにしてあげてください。3歳くらいからはクリスマスやお正月、夏休みといった季節のテーマを扱った絵本もお子さんと会話を楽しめる絵本としておすすめです。

もちろんどんな絵本でも読んであげる親御さんが心から楽しんで読むことも大切です。親御さんが幼少期に好きだった絵本も入れると良いでしょう。

絵本を読むときに、オーバーに読んだり、アドリブでお話をつけ加えたりする必要もありません。お子さんが読んでいる最中に会話することを嫌がったら、それもやめて、ゆっくり最後まで読んであげることを優先します。絵本を読む際に、表紙・背表紙・裏表紙もしっかり見せて読んであげることも大切です。絵本を本棚にしまっても、お子さんの記憶力が育つと背表紙から絵本を選び親御さんに「読んで」と伝えられるようになるからです。

仮に、お子さんが高度な絵本を読んでほしいとせがんできた場合はそれに応えます。この時期の絵本はことばのシャワーになりますし、記憶力や集中力をも高めてくれます。

言語を育てる5：テレビ、スマホやタブレットは親子で楽しむ

テレビ、スマホ、タブレット育児……。働く親御さん、一人っ子の親御さんにとっては、大変便利なツールであることに間違いありません。お子さんの好きな番組の間に家事を済ませるなどしなければ、家のことが回らない現実も理解できます。

しかしできれば、このようなツールをお子さんに「与えっぱなし」にすることは極力避けてほしいと願います。どうしてもお子さん一人に与えておくのであれば、やはり時間を決めておくべきです。

一般的に、1~3歳は30分程度で飽きてしまう

1~3歳のお子さんの場合、テレビをお子さん一人で集中して見ていられるのは30分程度といわれており、それを超えると他のことをしながらだったり、ほとんど見てなかったりすることも多いのです。小学生になっても一日1時間程度が望ましいというのが一般的です。

さらにスマホやタブレットの場合は、テレビよりも画面を見る距離が近いので、脳が疲労したり緊張したりしやすく、子どもの発達にどのような影響を与えるのかまだわかっていない部分も多いとされています。

幼児期は視覚もまだ発達段階なので、偏った刺激だけではなく、やはり外遊びなどを通して、近くのものから遠くのもの、自然な色などさまざまな刺激を通して視覚を育ててあげた方が脳にも良い影響を及ぼすのは間違いないでしょう。

リアルなコミュニケーションの時間が十分あればOK

かつてはテレビについても「視聴時間が長いとことばの発達が遅れる」といった情報がありましたが、近年の研究では「視聴時間が長くても家族との会話が多ければことばが発達する」という結果も出てきています。お子さんのことばの発達にとって大切なことは、やはり親御さんやお友達などとのリアルなコミュニケーションだということです。

またお子さんの前で親御さんがスマホを触っている時間があまりにも長いと、どうしてもお子さんはそのスマホに関心を持たずにはいられません。まずは親御さんがスマホなどと正しく付き合えているのかを見直すことも必要かもしれません。

言語を育てる6：環境によることばの遅れは増えている

ことばの遅れの原因が「発達の個人差によるもの」「聴覚や口腔内の何らかの障害によるもの」「発達障害によるもの」があることは第2章でご紹介した通りですが、

最近増えていることばの遅れの原因に「家庭環境によるもの」があります。これは「発達の個人差によるもの」に含まれますが、近年の社会問題ともいえるでしょう。

極端に会話の少ない家庭が激増している

核家族で親御さんが双方働いている場合、帰宅しても食事の提供や入浴などのお世話にどうしても追われてしまいます。朝もすぐに保育園や幼稚園でとにかく親子が関わる時間が少なくなりがちです。一緒に居られる限られた時間もスマホやテレビに頼ってしまうと、親子のコミュニケーションの時間はとても少なく、テレビやスマホがここまで侵食していなかった時代にはあったはずのことばのやり取りの数が極端に減っているのです。

外から見たら、普通のご家庭なので問題にもなりませんが、このようにことばの刺激やコミュニケーションが極端に少ないために「ことばだけが遅れてしまう」お子さんが近年とても増えています。

家族間での会話を取り戻してほしい

さらに問題なのは、運動機能や脳などに異常がないのに、環境が原因でことばだけが遅れてしまうお子さんは、就学後に学校でトラブルを抱えやすかったり、お友達とのコミュニケーションもうまく行かなくなったりする可能性が高くなってしまうことです。

それが不登校や心の病に発展することもありえます。

家庭の中で親御さんそれぞれがスマホを触っている時間が長いと、どうしても家の中での会話は激減します。最低でも「大きな声であいさつをする」「その日にどんなことがあったか、団欒のときに会話をする」「会話をするときは相手の目を見る」「家族にこそ質問を投げかけて、正直に回答する」「相手の話をきちんと聴く」といったルールを設け、「家族の会話が楽しい」「家族の居心地がいい」と親御さんもお子さんも感じられるような家庭環境作りを心がけてほしいと思います。

PART 5

歯医者さんが伝えたい「口を育てる」ことの大切さ

前歯が出てくるまでは「哺乳」でお口の基礎を身につける

ここで歯科医師という立場から、お子さんの口腔機能を高めるポイントをまとめました。お子さんの発達に合わせて、ぜひ参考にしてみてください。

お子さんのことばの発達とは、お子さんの「お口全体の発達」と深く関係しています。お口全体の発達とは「唇・舌・顎・歯」の発達のことでもありますし、お口につながる「顔まわりの筋肉」「喉の筋肉」「耳や鼻」の発達のことでもあります。

つまりお子さんのことばの発達＝お口の発達に関わるスタートは、「おっぱいを飲む」ことから始まっているのです。母乳であっても哺乳瓶での授乳であっても、赤ちゃんは「哺乳」をすることでお口の中を発達させていきます。

「哺乳」には「吸着」「吸啜《きゅうてつ》」「嚥下」の3つの要素が入っています。「吸着」することで乳首をしっかりくわえ、密着状態を維持できるようになることでお口の周りの筋肉「口輪筋」や「舌の筋肉」を発達させることができるのです。

「吸啜」とは、口腔内と舌で圧を作り、乳首からミルクを絞り出す動きをしていますが、舌の筋肉や「咀嚼筋群」を発達させるのに不可欠です。

「嚥下」はミルクを食道まで「ごくん」と飲み込むことで、「上咽頭収縮筋」といった嚥下に関する筋肉を鍛えるために不可欠な運動です。お口を育てるためには、特に歯が生えてくるまで授乳を続けることこそ、基本で大前提のトレーニングとなっているのです。

おっぱいを長く吸っていてもことばの発達への悪影響は特にない

「何歳まで母乳を与えればいいですか?」という質問も多く、それについて正解はありませんが、個人的には「吸いたいだけ吸っていたらいい」と考えています。

というのも「授乳」には、舌の筋肉や「咀嚼筋群」の発達以外にもさまざまな効果があるからです。例えばママやパパに抱っこされながら母乳やミルクを飲むことで、ことばの発達に不可欠な愛着も形成されますし、免疫力向上なども期待できます。

特に吸啜運動とお口の発達には密接な関係がある

「授乳」の中でも吸啜運動には、特にお口の発達に密接な関係があることがわかっています。

①脳の神経細胞が活性化する

赤ちゃんの吸啜運動によりお口の周りの筋肉や神経だけでなく、つながっている脳の神経まで発達が促されます。そのため、言語の習得に必要な脳の発達を促します。

②咀嚼筋や表情筋が鍛えられる

吸啜運動を十分に行うことが咀嚼の力の基礎となります。咀嚼がしっかりできるようになることは離乳食、幼児食期におけるトラブルをなくし、後に歯並びや顔立ちにも影響してきます。咀嚼力が高いことは、全身の運動神経にも関係し、運動神経や集中力など脳の発達をも促します。

③腸内細菌のバランスを整える

噛む力が弱いうちに離乳食をはじめてしまうと、たとえスープ状に近い離乳食であっても丸呑みすることしかできず、それでは腸にも悪影響です。もっと言えば、腸内細菌のバランスまで崩れ、さまざまな疾患（特にアトピーや花粉症などのアレルギー疾患）のリスクを高めてしまいます。

④前歯以外の他の歯が生えることを促す

噛む力が弱いと、離乳食をあげても咀嚼せずに丸呑みしてしまうことで、お口の中の運動刺激が足りなくなり、もちろん個人差はあるものの他の歯が生えてくるまでに時間がかかり、これが歯並びに悪影響を与えることがあります。

通常、「前歯」が生えてくるころには口の使い方や呼吸の仕方が、乳児のころのそれとは変わってきますので、乳児の卒業と考えて良いでしょう。

それでも精神的な発達と肉体的な発達の速度は別物で、離乳できないお子さんも多くいます。授乳期間が長くても「ことばの発達」に悪影響を与えることはありませんので、お子さんが望むのであれば、3歳くらいまでは授乳やおしゃぶりをするお子さんがいても問題はありません。

無理に離乳させない、ハイハイを存分にさせる

ただし3歳を過ぎてもおしゃぶりや指しゃぶりの期間が長く続く場合は、確かに前歯が噛み合わない、歯並びに影響があるなどの問題が起こるリスクが増えます。それでも無理やりやめさせるのは難しいでしょう。

3歳になればことばもかなり通じるようになってくるので、「もうやめようか」と繰り返し伝えてあげるしかありません。

鼻呼吸を定着させるためにも十分な授乳期が必要

歯科医師として「たとえ長期になっても授乳期をしっかり確保してほしい」と考えるのは、授乳によって「鼻呼吸」を身につけてもらうためでもあります。

本来赤ちゃんは口呼吸がほとんどできず、おっぱいを飲みながら鼻呼吸ができるという特殊能力を持っています。口呼吸は、だいたい立っちができるようになるころから学童期にかけて徐々にできるようになっていきますが、赤ちゃんがハイハイしているくらいまでは鼻呼吸しかできないのが普通です。

ですから、授乳とハイハイ期間は長いにこしたことはなく、ハイハイをすることで腰や首が強くなりますので無理に立たせる必要もなければ、赤ちゃん用の椅子に座らせる必要もないのです。

口呼吸になると風邪をひきやすくなったり、アレルギー症状を起こしやすくなったり、健康上さまざまな弊害があることはよく知られていますが、近ごろの赤ちゃんに「ポカーン」と口を開けたままの状態の子が多いのは、おすわりやハイハイを急かせること以外に、「離乳が早い」ことも原因として考えられます。離乳が早いと「吸着」の時間が短くなり口輪筋が十分に育たないのでお口を閉じられなくなるのです。

また、「吸着」の時間が長いほど舌の力も発達し、舌を正しい場所（舌の正しい位置とは、舌先が上の歯の付け根と口蓋のあたりに触れている状態）にセットして置けるようになりますが、舌の力が弱いと、舌がいつも下がり前歯の後ろや下の歯の方にくっつき、口が開きやすくなってしまいます。

お子さんの前歯が生えてくると、なんとなく「離乳食かな？」と考えると思いますが、7か月くらいまでは焦らず母乳のみでも大丈夫だと思います。

ストローを吸う力とおっぱいを吸う力の違いを見極める

おっぱいや哺乳瓶を「チュッチュッと吸う力」と「ストローを唇に挟んで吸う力」は似ているようでまったく異なる運動になります。

最近のお子さんはストローマグ（スパウト）をとても早くから使っていますが、言語聴覚士の専門家の先生によれば、「コップで上手に飲めるようになってからストローを使う」という順番があるそうです。

コップで上手に飲めないのに、ストローを上手に使えているように感じるのは、乳首や哺乳瓶と同じようにストローに吸い付いているだけで、大人がストローを使うときの口の動き（上下の唇で挟むだけ）とはまったく違ったものなのです。

ストローを乳首や哺乳瓶と同じように「チュッチュッ」とやってしまうと、この「チュッチュッ」の動きがなかなか取れなくなり、指吸やおしゃぶりの長期化の原因

になることもあります。もちろん歯並びにも悪影響を与えることもありますし、口蓋（お口の天井）の発達や嚥下の練習にもよくないのです。

ストローマグよりコップ飲みの練習

もし、お子さんがいまストローを使っているのであれば、そのストローの先がどうなっているか観察してみてください。前歯で噛んでいる跡があったり、潰れているようであれば、大人がストローを使うように歯の前の唇でストローを挟んで吸っているのではなく、ストローを前歯で噛むようにして吸い付いてる、ということになります。

この場合はまだストローの練習は早いと考え、コップで飲む練習をさせた方がお口の発達が促されます。

離乳食開始の時期を見極める

生まれたての赤ちゃんは、お母さんが口に手を持っていくだけでその指を探索したり、チュッチュッと吸い付いたりします。

さらに生後2～3か月でだんだん自分の手の存在に気がつくと、その手をしゃぶったり、外界の世界に興味が出てくると、おもちゃを手にしてそれを舐めたりしゃぶったりするようになります。あるいは、生後2～3か月ごろからはよだれがよく出るようになり、しょっちゅう舌を出すようになります。

このような哺乳に関係する原始的な反応が少しずつ薄くなってきたり、ママやパパの食事をする姿を見て食べ物に関心を示したり、食べたそうな仕草をしたりするころが離乳食開始の目安です。前歯のサインや育児書の目安だけでなく、お子さんをよく観察して、離乳食のスタートは決して急がず焦らず進めてほしいと思います。

ちなみに、歯が生えはじめる時期にも個人差がありますが、だいたい6～9か月ごろから最初の歯が生えはじめます。口の周りの筋肉が徐々に発達してきて唾液を飲み込む力もついてくるようになるのが8～9か月くらいで、このころから徐々に舌を出さなくなったり唾を飛ばしたりしなくなるので食べるのが上手になっていきます。

口腔機能の発達とお口のトラブル、構音の未発達

口腔内の発達を促すには、十分な時間をかけて哺乳をしっかりさせ、またハイハイもしっかりさせて、無理に急いで座らせたり立たせたり離乳食をはじめる必要はないという話をしてきました。このように時間をかけてお子さんの口腔機能を育んでいくことは、ことばの発達とどのように関係しているのかについて、歯科医師の立場からより詳しくお話ししておこうと思います。

ことばの発達だけじゃない、増えている子どものお口のトラブル

「なかなかおしゃべりしてくれない」といった「ことばの発達が気になる」お子さんを連れてくるお母さんの他に、「うちの子、いつも口が開いているんです」「ラーメンやうどんなどの麺類をなぜかすすれないんです」「どうしても『さしすせそ』だけが言えないんです」「子どもなのに口臭があるんです」「ストローは大丈夫だけれど、ペットボトルからは上手に飲み物を飲めないんです」「同じような食べ物しか食べてくれないんです」など、お口に関わるさまざまなお悩みを持つ親御さんの来院も実は少なくありません。

そして、先に挙げたようなお悩みのほとんどは、実は口腔機能が未発達なことが原因で起こっていることが多いのです。

「幼少期に口腔機能をしっかり発達させよう」という概念自体、今育児をしているお母さんたちでさえ、あまり知らないことなのかもしれません。

しかし、日本人のお口の中、特に子どもたちのお口の中には以前とは違う異変が起こっています。例えば、むし歯は昔よりはるかに減っていますが、「歯並びの悪さ」

や「顎の発達の遅さ」などの問題を抱えるお子さんは増えていますし、先に挙げたような「食べ方」「飲み方」「口臭」などの心配事も増えています。

ことばの専門家である言語聴覚士の先生方は、構音の発達が遅れる理由の一つとして「口腔内の未発達」の可能性を探りますが、私のような歯科医師の立場からすれば、「口腔内の状態や形態が未発達だから構音がついてこないんだろうな」だけでなく、「これではラーメンをすすれないだろうな」と、機能面の未発達を感じることも多いのです。

お口の発達が不十分だと、おしゃべりもしづらいし、上手に食べられない

足に合わない靴を履いていても一応歩けるのと同じで、口腔内が未発達であっても、ある程度脳や精神面の発達が進んでくれば、3歳くらいで十分なおしゃべりはできるようになります。でも足に合わない靴を履いていると、歩きづらかったり痛かったりするように、口腔内が未発達だと、うまく発音できなかったり、長時間口を閉じていられなかったり、硬い食感の食べ物がいつまでも食べられなかったりするのです。

それって本当にお子さんのわがまま？　お口の発達に原因はない？

「何でこれ食べないの？」「何でボロボロこぼすの？」なんて強く叱る親御さんは多いと思いますが、実はその原因はお子さんのわがままではなく、「顎」や「咀嚼筋」が未発達だから、噛めない・食べられない、ということも十分考えられるのです。

もちろん言語聴覚士の先生は、精神面や脳の発達もみていくので「ことばの発達」が遅れている原因を口腔内の発達以外からも調べ、そのお子さんに応じた指導をしてくれます。

たとえその遅れの直接的な原因が何らかの障害であっても、その指導をしていく最中で、口腔内を育てるような指導も必ず行い、口腔内がそのお子さんに合った「靴」になるようにサポートしてくれます。

そして「お口を上手に使う練習」こそが「口腔内を育て」「おしゃべりする力」に変わっていくのです。

ことばの発達に必要不可欠な「口育」

ほとんどスープ状の離乳食期のスタートから、もっと言えば「哺乳」から「正しく食べる」を学んでいかないと、お子さんが幼児になった時に「いつも口を開けている」「集中力がない」といった問題を引き起こす原因にもなりかねません。育児書に書かれている一般的な「スタートから1～2か月はポタージュ状のもの、3～4か月目はプリン状のもの」といった情報は目安にはなりますが、一人ひとりのお子さんにふさわしいかはわからないのです。

ことばの発達を促すとは、脳や心の問題だけでなくお口の発達の問題であることもまずは知っていただき、幼少期からの正しい「口育」を取り入れてほしいと思います。

「口育」が必要な理由1：咀嚼の習慣は意識しないと身につかない

これはよくいわれることですが、食の欧米化によって私たちの日々の食事からは

「硬く」「歯ごたえのある」食べ物の多くが失われています。そしてお子さんたちは、柔らかく口の中ですぐ溶けるような優しい食感の食べ物が大好きです。

また、戦前と現代では一回の食事で行う咀嚼の回数が3分の1にまで減少しているという研究データもあるほど、私たちの咀嚼回数は減ってしまっています。咀嚼回数が減っていることは「ことばの発達」以外にもさまざまな健康被害の原因となります。

①食べ物の消化・吸収がスムーズでなくなる

柔らかいものを食べていても、それを咀嚼し、しっかり唾液と混ぜなければ消化に時間がかかり、栄養素としてスムーズに体内に取り込まれません。不要なものを排泄物として外に出すのも大変です。十分に咀嚼された食べ物は、唾液に含まれる酵素と混ざって消化・吸収・排泄がスムーズになりますが、そうでない場合は、消化不良による胃痛や腹痛、便秘、肌荒れ、自律神経の乱れといった不調の原因にもなるのです。

②むし歯や歯周病になりやすくなる

お子さんたちのむし歯の割合は減少していますが、これはフッ素塗布やキシリトールタブレットなどの普及によるものです。本来、咀嚼を十分に行い唾液の分泌を促すことでも口腔内は清潔に保つことが可能です。十分な咀嚼で、唾液に含まれるパロチンというホルモンがカルシウムと結びつき、歯の表面に浸透し、歯を強くさせる働きもあります。

③脳への刺激、特に知性を司る前頭前野への刺激が不足する

咀嚼をすることでお口や顔まわりの筋肉や神経も活性化し、頭部の血流が良くなります。特に脳の「前頭前野」と呼ばれる、人間の知性に関わる部分が活性化することも報告されています。近年、この前頭前野が未発達な子どもが多く、そういったお子さんたちの中に「キレる」子どもが多いという報告もあります。

また、食べ物の食感や刺激、おいしさなどを五感で感じることも脳への刺激となります。食べ物をよく噛み味わうことは、脳やことばの発達にも不可欠なのです。

④肥満になりやすくなる

幼児の糖尿病が増えていることをご存知でしょうか。これは食事の内容の変化だけでなく咀嚼の減少により、早食いしたり満腹感が得られにくくなっていることも関係しているはずです。よく噛むことで、血糖値の急上昇が抑えられ、満腹中枢も刺激されるので、余計な間食も減り、適量の食事でも十分な満腹感が得られるのです。

⑤顎が未発達になり歯並びが悪くなる

よく噛むことで顎の発達が促されます。顎の骨が発達することで乳歯が永久歯に生え変わった時に乳歯より大きい歯がきれいに並びますが、顎の発達が小さいままだと、永久歯が並ぶスペースがないので、せっかく永久歯が生えてきても歯並びが悪くなってしまうのです。

⑥表情筋が豊かになる

咀嚼を続けることで、頭蓋骨や顎の形が美しくなり、表情も豊かになり、自然な笑顔が出るようになります。

咀嚼の回数が減ってしまう3つの理由

咀嚼の回数が減ることによるさまざまなリスクを確認していただきましたが、現代人の咀嚼の回数がどうしても減ってしまう理由は、次の3つです。

(1)離乳食時期が早すぎる
(2)食の欧米化
(3)食に対する「丁寧さ」の欠如（ながら食べ、食事の時短）

特にお口の発達が不十分にもかかわらず、離乳食をスタートさせてしまったり、幼児食の時期になっても柔らかいものばかり与えたりすると、お子さんが「丸呑み」や「早食い」「咀嚼をしない」といった悪癖を身につけてしまいかねません。

さらにテレビやスマホを見ながら、急いで食べるような食事をしていると、お子さんが「咀嚼」のスキルを身につけるのは難しいですし、それは大人になってからの健康状態をも左右するのです。

「口育」が必要な理由2：お口の環境が整うと、ことばの発達がスムーズになる

例えば「サ行」が発音しにくいなどの構音の問題があるお子さんは（大人でも）、歯に隙間が見られたり、前歯が上手く閉じられない「開咬」という状態があることが

多いです。

この「開咬（オープンバイト）」状態になっている方は、前歯で咬み切る力も弱いので、食べこぼしの問題が多く、なかなか上手に食事ができなかったり、構音全体が不明瞭だったり、滑舌が悪くなりがちです。そして、この「開咬」状態は幼少期の指しゃぶりや口呼吸によって起こることが多いのです。幼少期の「口育」がいかに重要かこの一例だけでもおわかりいただけるのではないかと思います。

他にも、いわゆる「出っ歯（上顎前突）」のお子さんや、その逆の「受け口（反対咬合）／下顎前突」のお子さんも、滑舌が悪くなる・構音が不明瞭といったことばの問題が起こりやすくなります。どちらも「不正咬合」とされ、これを矯正歯科治療で治すことで構音がぐっと良くなるケースが多いのです。

「受け口」の原因には遺伝的要素もあるとされますが、「出っ歯」や「受け口」は幼少期の口呼吸や舌の使い方などの癖が原因で起こることが多く、やはり「口育」をして適切な歯や顎を育てることが、このような後天的なトラブルを回避する近道となります。

日常生活に問題がないようでも、プロにはなれないこともある

「出っ歯」や「受け口」までいかなくても、全体的に歯の並びがガタガタしている状態を「叢生（八重歯や犬歯の飛び出しを含む）」といいますが、この状態でも舌や唇の動きは正常な歯並びに比べて制限され、滑舌が悪くなります。滑舌の悪さといってもいろいろなレベルがあり、日常生活にほとんど支障がないように思われても、将来例えば「アナウンサー」や「タレント」「声優」など人前で話をするような仕事に就こうと思ったら、思いがけないハンディになってしまうケースも少なくありません。

「ことばの発達」に不安を抱えて来院するお子さんの中にも、脳や精神には何の異常もなく、口腔内の環境だけが問題だったというお子さんは多くいます。そして正しい治療と正しい習慣を身につければ、それは一生ものの財産になるといえるのです。

「口育」が必要な理由3：学力も運動神経も向上する

少し古いデータになりますが、２０１１年に全国農業協同組合中央会が行った「朝

にゆっくり噛んで食べる食事と学力・スポーツに関する実態調査」（サンプル数1000人）によれば、朝ごはんをよく噛んで食べている子どもほど、学習やスポーツへの意欲が高いということが報告されています。

具体的には、「朝ごはんをよく噛んで食べている」子どものうち、「学習意欲が高水準」に当たる子どもは「63・6％」であるのに対し、「よく噛んで食べていない」子どもの中では「学習意欲が高水準」に当たる子どもは「31・7％」と約半数になったというのです

またスポーツや運動への意欲も「朝ごはんをよく噛んで食べている子ども」の方が、「よく噛んで食べていない子ども」より「2倍意欲が高い」と報告しています。

親御さんが「よく噛んで食べましょう」と促し、「よく噛まないと食べられない食事」を提供することは、お子さんの歯並びやことばの発達を含む口腔環境を発達させるだけでなく、学習能力や運動神経といった全体の発達にまで関わってくるということです。

咀嚼の重要性を知っていても、それを教えている親は少ない

朝ごはんを「欠食」してしまったり、菓子パンなどで終わらせてしまったり、あるいは親御さんは仕事に行ってしまい、お子さん一人で食事を済ませる「孤食」の問題などもありますが、それでも多くのお母さんが「朝ごはん」の重要性や「朝ごはんの栄養バランス」については意識できているように思います。

しかし、「よく噛んで食べることの重要性」について認識しながらも、「噛みごたえのある朝食」を提供することまでには意識が回らず、多くがその実践や指導には至らないが現状です。

大変ですが、可能な限り「噛みごたえもあって栄養価の高い食事、特に朝食」を用意してあげてほしいと思います。

それは、お子さんの宿題を見てあげたり、習い事をさせるよりも、ある意味重要なことだといえるのではないでしょうか。

咀嚼と運動能力の関係

よく噛むことで歯並びが良くなる、口腔機能が正常に発達する、顔や脳の血流が良くなり、学習能力や運動神経にも影響を与える、という話をしてきました。昔だったら食卓には当たり前のように骨つきの焼き魚や、食物繊維の多い野菜などが並びましたが、今は意識しなければ数回噛んだだけで溶けるように口の中で小さくなり飲み込めるものばかりが並びます。

それと同じように、運動の機会も昔に比べて極端に減っています。外遊びの時間も少ないのではないでしょうか。１歳くらいから歩きはじめる子どもが多いですが、歩く距離は昔よりだいぶ短くなっています。歩くことでも顎は発達していくのですが、今のお子さんにはそれが足りない状況です。日常生活の中にある運動面からも顎を育てる機会が奪われているということになります。

これも、十分に「ハイハイ」をさせておいて、自然と立つ時期がやってきた時に立てば、歩きやすいから徐々に長距離歩けるようになりますが、全身の発達が不十分なうちに「立っち立っち！」と急がせてしまうと、歩きにくいから必要以上につまずきやすかったりして、お子さんが歩くことを楽しめなくなってしまうのです。

お子さんに「咀嚼習慣」をプレゼントしてあげましょう

食事用の椅子も、足の裏がしっかりついた状態で座って食べられると咀嚼がスムーズになりますが、足がブラブラと浮いているような椅子で食べさせると、どうしてもお子さんの姿勢が崩れ、咀嚼もしにくくなってしまいます。

合わない靴を履いているのに「歩け歩け」と無理させているようなことが多く、それが、将来的に歯並びの悪さ、滑舌の悪さ、運動神経や学習意欲の低下、歯周病や糖尿病を含む生活習慣病への罹患までつながっていくということなのです。

咀嚼をしっかりするだけで、全身の骨も神経も刺激されます。そしてその運動量に耐えられるように、脳も骨格も作られていきます。お子さんを健康にしたい、身長を伸ばしたい、頭を良くしたい、運動神経を良くしたい……。どの親御さんも願っていると思いますが、一番お金がかからず効果的にできることが「咀嚼の習慣を身につけること」なのです。

「口育」が必要な理由4：自己肯定感が高まる

小さいころから「咀嚼習慣」が身についているお子さんは、顔まわりや頭部の血流が良くなるので表情が豊かになり、骨格も整うなど、全身がバランスよく発達していきます。もちろん歯並びも良くなりますから見た目にも良い影響があります。頭や運動神経が良ければ、お子さんが自信を持ってさまざまなことに積極的に取り組んでいけるでしょう。

自己肯定感の低い日本の子どもたち

最近書店に並ぶ育児書の多くに「自己肯定感」ということばをよく見かけます。「自己肯定感が高い人」というのは「自分の人生や自分の存在を常にポジティブに捉えて生きている人」と言えます。自己肯定感が高いお子さんは、失敗を恐れずどんなことにも積極的にチャレンジできますし、たとえ失敗をしてもそれをプラスに変えられる幸せな人生を送ることができるのです。

しかしながら、日本の子どもたちは世界的に見て自己肯定感が低いという報道がありました。内閣府が行なっている「我が国と諸外国の若者の意識に関する調査（13〜23歳の若者が対象）」の2019年版によれば、「自分自身に満足しているか」という問いに「そう思う」と回答したのはわずか10％だったことが報告されています。これは、この調査に参加した7か国中最下位で、アメリカでは60％近い若者が「自分自身に満足している」と答えているそうです。

自己肯定感を育むスタート地点に「口育」がある

自己肯定感を高める方法には「適切に褒める」「目標を達成させる」「好奇心を解放させる」などのテクニックがあることが専門書などにまとめられていますが、その前段として保育園や幼稚園で「話し方」や「歯並び」「歩き方」や「動作」をお友達から指摘されたり、からかわれたり、あるいは最も認めてほしい相手である親御さんから注意ばかりされて育つと、お子さんの自己肯定感は低くなりがちです。スタート段階からつまずかないためにも、咀嚼習慣を中心とした「口育」で自己肯定感を高めてあげてほしいと思います。

歯並びが悪いと英語の発音は難しい

日本語の場合、母音が5つしかないので歯並びが悪くても、口周りの筋肉が十分に発達していなくても、なんとなく話せてしまうお子さんが多いという現状もあります。私のような矯正歯科の専門家や言語聴覚士の先生から見ると「厳密にはきちんと構音できてない、舌のポジションが違っている」ということはありますが、会話が成立していれば、親御さんが積極的に歯科医院に連れてくるケースはほとんどありません。

一方、欧米では子どもの矯正歯科治療が割と当たり前です。これは特に英語の場合、母音が26個もあり、日本語よりも唇や舌の使い方がぐっと複雑になっていることも関係しています。歯並びが悪かったり、口周りの筋肉が上手に使えないと、発音もうまくできなくなってしまうので、小さいころから「矯正歯科治療をしておこう」という文化が根付いているのです。

特に日本人には難しいとされる、英語の「R」と「L」などは舌を複雑に使いこなさないと発音できません。「S」と「th」も同様です。もしお子さんに英語を話してほしいと思うのであれば、矯正歯科治療はもちろん、その前段階として咀嚼を中心とした「口育」を意識してあげた方が良いでしょう。

美しい口元が自信と健康の基礎になる

もちろん外国語の発音だけでなく、欧米では口を大きく開けて笑う、頬と頬を寄せてハグをするといった文化もあるので、口周りを整えておかないとコミュニケーションに不具合が生じるということもあるでしょう。また、積極的に他者とコミュニケーションが取れる、ということは自己肯定感を育むためにも必要です。

欧米人にとって矯正歯科治療は、「見た目」「生活に関わる社会性」「ことばの発達」「精神的な充足」「健康の維持」といった観点から非常に重要と考えられており、日本人より「口周りの健康」に関する意識が高いのです。日本人もSNSなどで自撮りをアップしたりするようになっているので、矯正歯科治療に対する意識もこれからもっと高まるのではないかと考えています。

未就学児に必要な「口育」の実践

一般的に矯正歯科治療は全部の歯が永久歯（大人の歯）になってからのスタートでも遅くはありません。ただし、早いうちからスタートしておいた方がいい場合もあるので、かかりつけの歯科医師、特に矯正歯科治療の専門医と話しておくことは良いと思います。

特に未就学児の場合、これまで話してきた「口育」を実践することが、きれいな歯並びや適切なことばの発達のためには遠回りのようで近道だということです。

「口育」のために実践してほしい14のこと

ここで、未就学児をお持ちの親御さんに意識して取り組んでいただきたい「口育」について整理しておきます。どれも簡単なことですが、継続して実践するのは簡単ではありません。

(1)おっぱいをあげる際に、乳首を深くしっかり吸わせ、またお子さんが望むのであればできるだけ長く母乳を与えてあげる。

(2)乳児期のおしゃぶり、指しゃぶり、おもちゃ舐めなども口育にとって必要なプロセス。清潔で危険でなければ、神経質にならずにお口遊びをさせてあげる。3歳を目安にやめられれば、神経質にならない程度に繰り返し口頭でやめた方がいいことを伝える。

(3)ストローやスパウトを使う目安は、コップ飲みができるようになってから。あまり急いで使わせる必要はない。

(4)離乳食は丸呑みさせず、咀嚼の習慣が身につくよう、必ず柔らかいものや一口サイズに切ったものを与え、徐々に通常の硬さにしていき咀嚼を促す。

(5)離乳食を与える時に、スプーンの角度を斜め下にすると丸呑みしやすいので、そうではなく、口と平行に入れてあげることで、咀嚼をしっかり促す。

(6)離乳食であっても幼児食でもあっても食べる姿勢はとても大事。足の裏をしっかりつけて座れる椅子やテーブルでないと、姿勢が崩れ、咀嚼がうまく身につかないので、椅子やテーブルの高さには気をつけ、またお子さんの身長は著しく変化するのでこまめに調整してあげる。

(7)鼻づまりを放置しない。特に赤ちゃんは鼻が詰まると口呼吸がしづらいので苦しくなってしまう。幼児になると口呼吸ができるようになるが、それが習慣になると口が開いたままの時間が長くなり、脳やことばの発達、そして健康にも悪影響となる。

(8)タブレットやスマホを与えたまま放置すると、口呼吸になりやすいので気をつける。テレビを見るときも、なるべく親子で一緒に見るようにする。あるいは口を開けっぱなしにしていたら口を閉じるように促す。

(9)3歳になったら指しゃぶり、爪噛みなどはやめるように教えていく。

(10)睡眠時間をしっかり確保してあげる。

(11)外遊びの時間が少ないと全身の骨や筋肉に刺激が行き届かず、体や顎の発達が不十分になったりするので、しっかり運動させる。しっかり歩く。

(12)食べるときにどちらか片側で噛む「偏咀嚼」にならないように、親御さんは食事中によく観察して必要があれば注意を促す。

(13)おやつやジュースなどの甘味を与えすぎるとむし歯のリスクが高まるだけでなく、硬い食べ物を嫌いになりやすいので、おやつはメリハリのある与え方にする。

⒁食後の歯磨きの習慣を徹底して身につけ、また12歳くらいまでは親御さんが必ず仕上げ磨きをしてあげるようにする。

悪習慣を避け、正しい習慣を身につけることが矯正歯科治療より大切な時期になります。

就学児期は、矯正歯科治療を行うか様子をみながら口育を

矯正歯科治療を行うのは、中学生になってからでも、成人になってからでも遅くはありません。ただし、顎の骨の発達度合いと永久歯の大きさがアンバランスになると歯並びが悪くなるので、顎の矯正をスタートする場合は小学校1～2年生ごろから検討するケースもあります。

しかし顎の治療が必要でない場合は、永久歯が生えそろうまではご家庭で「口育」をしていただき、中学生以降に矯正をスタートするという流れでも決して遅くはないのです。例えば、アメリカでは中学校入学のタイミングで半分くらいの子どもが一斉

に矯正器具をつけるので、それが特に恥ずかしいことではありません。

一方、小学生のうちに矯正をはじめる理由には、顎の問題の他に「抜歯」の問題と「料金」の問題があります。親御さんの意向で抜歯をしたくないのであれば早めに矯正をした方がいいですし、矯正にかかる金額も大人の矯正料金の半分くらいで済むでしょう。

また本書のテーマである「ことばの遅れ」が問題の場合は、おそらく他に「とにかく食べるのが遅くて時間がかかる」「食べることに興味を示さない」「食べこぼしが多い」「何をしゃべっているかことばがいつになっても不明瞭」「あまりしゃべらない」「周りの人とコミュニケーションが上手に取れない」といった問題も抱えているはずです。このようなお子さんの場合、口腔内の機能や発達のサポートで改善が見込めるなら矯正歯科治療をおすすめすることもあります。

子どもの発達には段階があり、階段を上るように一つずつ機能を習得しながら次のステップに駒を進めていきますが、その土台となる「食べる」ことや「ことば」でつまずくとどんどん発達の差が開き、それを高校生くらいで取り返したいと思っても挽回するのは大変です。そういったことまで考えて「早めに矯正歯科治療をする選択肢もある」という知識が親御さんにあるのは望ましいことだと思います。

どこの国の子どもも同じですが、小・中学生にとって歯並びはそれほど問題ではなく、お子さんは歯にさほど関心がないので自分から治療をしたいというケースはありません。基本的には親御さんが正しい知識で、正しく誘導してあげるしかないのです。

子どもの矯正歯科治療のメリット・デメリット

お子さんが矯正歯科治療をすることのメリットは、抜歯のリスクや金額面の問題だけでなく、他にも定期的にお口の中を管理することで歯医者さんに抵抗がなくなる、むし歯や歯周病のトラブルが起こりにくくなる、といった点があります。

一方、デメリットがあるとすれば、せっかく矯正歯科治療をしたのに、数年経ってまた歯並びが悪くなってしまうことがあることです。この場合、再度治療をする際には金銭面については料金の調整をしてくれる歯科医師が多いですが、心理的には納得がいかない人も多く、それは当然でしょう。

なぜ、「ぶり返し」が起こるのでしょうか。一つは専門医でない歯科医師が矯正歯科治療をしてしまったケースが考えられます。実は歯科医師は日本に10万人程度いるとされますが、日本矯正歯科学会の認定医はわずか3000人しかいません。

しかし、どれほど腕のいい専門の矯正歯科医師に治療してもらったとしても、結局歯並びは生活習慣による部分も大きいので、口周りの筋肉の使い方、咀嚼の癖（偏咀嚼など）、呼吸の仕方、顎に手を当てる癖などによって、再び歯並びが悪くなることはよくあります。

小学校のころは活発で外遊びばかりしていたのに、中学校に入ってからゲームばかりするようになって、運動量が減ってしまったというお子さんにも「ぶり返し」の現象が見られることがあり、成長期に運動量が減ることでも歯並びは悪くなるのです。

あまり知られていないことですが、特に20歳くらいまでは歯並びは生活習慣に影響されるので、矯正歯科治療が終わった後も、フォローアップや簡単な保定装置の装着などが必要です。つまり、できるだけ長く付き合える、かかりつけ医としての歯科医院や歯科医師を選ぶべきです。

マウスピースか、ワイヤーか

お子さんの多くが矯正なんてしたいはずがありません。そのためマウスピース型の矯正装置では、勝手に外してしまうお子さんも多くいます。しっかり治したいのであれば、やはりワイヤー矯正やブラケット矯正の方が効果は高いでしょう。昔の矯正装置よりどれも目立ちにくく痛みも軽減されていますが、それでもワイヤー矯正には慣れるまで多少の痛みがありますので、治療をしているお子さんの気持ちに寄り添って、治療の時だけでなく、日ごろから頑張りを褒め、矯正以外の「口育」にも寄り添ってあげてください。

歯科医師・矯正歯科専門医院としてできること

まず「ことばの発達」の問題には、先天的な障害が原因のものもあれば、口腔内や顔まわりの筋肉など、ことばに必要な「機能面の発達の遅れ」や「発達の過程で起こるひずみ」が原因のものもあることが、本書でご理解いただけたのであれば幸いです。

そして年齢が低いほど、その原因を特定するのは難しいこと、また年齢が低いほど、たとえハンディがあってもいくらでもリカバーできて、平均に追いつく可能性が高いこともおわかりいただけたと思います。

そして「ことばの発達」も「口腔の発達」も、親御さんや周囲の大人による習慣づけなどの介入が重要であり、先天的なものよりも後天的な「生活習慣」によって、大きく変わってしまうことや、たとえ素晴らしい素材を持って生まれてきたお子さんでも、親御さんや周囲の大人の適切な介入がなければ、その素材を活かすことができないことについてもご理解いただけたのではないかと思います。

未就学児ならほとんどの問題が保険治療でカバーできる

昔に比べて検査の精度もどんどん進化しているので、万一お子さんに何か障害や発育不全や遅延がみられてもそれを早期発見・早期治療することが十分可能な時代になっています。特に小学校入学前のお子さんであれば、早期発見・早期治療をすることで、将来困らずに済むよう問題を解決しておくことが十分可能です。口蓋裂などによる矯正歯科治療はもちろん保険診療ですし、矯正歯科治療を含まなくても保険診療でできることがほとんどです。

しかし問題は、お子さんの症状を早期に発見できても、それに対応できる病院や療育センターが多くないということです。本書でも紹介した療育センターの人気は高く、大学病院などで診てもらう場合、問題発覚から数か月経たないと、本検査してもらえないというのも普通です。そんな状態を放置して小学校に入学すると、本来なら困らなくてよいことで困ってしまったり、人と違うことを本人が自覚して自己肯定感を下げてしまったりもします。

小学校に入ると、宿題はもちろん、習い事をはじめるなど、とにかく忙しくなります。そうこうしているうちに「ことばの問題」がどんどん深くなり、ハンディとなってしまうことが多いのです。

だからこそ、たくさんある歯科医院が「ことばの問題も含めたお口の問題」の拠点になれないだろうかと考えているのです。ことばの問題を見てもらうには遠い病院や遠い療育センターに連れていかなければならない、それが面倒になってお子さんに十分な治療を受けさせられなかった、という親御さんも多いですから、やっぱり近所の歯医者さんのような身近な場所で治療を気軽に受けられるのが望ましいと思っています。

実際、ことばの問題を抱えているお子さんは「風邪をひいているお子さん」と同じくらいいる感覚です。つまり特別な問題ではなく、非常に身近な問題になっているのです。

私は矯正歯科が専門ではありますが、歯科医師として来院されたお子さんについては「ことばの問題」で来た場合でも、必ずお口全体を確認します。むし歯は当然ですが、お口に関わる機能の発達度合いや機能のチェック、親御さんとの関係性、それらを診て機能面でのアドバイスを行いますし、常勤している言語聴覚士の先生とも連携し「ことばの指導」に重点を置いてもらうこともあります。「マウス（口）」「ティース（歯）」「ランゲージ（言語）」「スピーチ（話す）」のすべてを同じ施設で、ワンセットで行えるということが、多くの親御さんより支持されているなと感じます。何より親御さんとお子さんの負担が減ると思うのです。こういった歯科医師のあり方に賛同してくれる全国の歯科医院で、協会や団体を作る方向で現在動いています。

乳幼児期からかかりつけの歯医者さんを作ってほしい

お子さんの矯正歯科治療を考える親御さん、あるいはそれを提案する歯科医師のほとんどが「見た目が悪いから」というところから入るのですが、矯正歯科治療の一番の目的は「噛み合わせを正して全身の健康を高めること」にあります。

お子さんの場合「正しい歯並び」にすることとは、一生を左右する健康の土台作りとも言い換えられるのです。

来院するきっかけは、「ことばの問題」や「見た目の問題」かもしれませんが、数年頑張って治療を続ければ、当初の問題解決だけでなく、プラスアルファで大きなリターンが得られるのが乳幼児のお口の治療、お口やことばのトレーニングです。

お子さんのお口やことばの問題で気になることがあれば、ぜひ一度気軽に歯科医院を訪れてみてほしいと思います。かかりつけの歯科医院を幼少から持たせてあげることは、生涯に渡ってお子さんへの大きなギフトになると確信しています。

おわりに

私の矯正歯科医師としての最終的な目標は、「どの患者さんも食事や人との会話を心から楽しめること」に尽きます。

矯正歯科治療とは、歯並びや噛み合わせを改善することで「食事や会話が思い切り楽しめる喜び」を味わえる歯科医療です。

近年、予防歯科に対する理解やニーズが高まっていますが、予防歯科で最も大切なことは、歯周病やむし歯にならないことだけでなく、口腔内（お口の中）をしっかり管理することです。そのためのファーストステップとして歯並びをきれいに整えておけば、お口の中が自分で管理しやすくなり、しっかりと噛める歯の維持、脳機能や全身の運動機能の維持、健康維持にもつながります。

しかし、本来きれいな歯並びとは、哺乳からスタートするお口の使い方から育んでいくものです。本書では「お口の使い方、お口の育て方」という視点からも、日常生活でできるちょっとした工夫をたくさん取り上げました。

生まれ持っての障害や、さまざまな原因で言語に問題を抱えているお子さんにも「歯列」や「口腔内」を整えることでカバーできることは多いですし、歯科医師としてもっとできることがあるのではないかと考えた時に「言語聴覚士の先生と協力する」という今のスタイルに思い至り、丸三年が経過しました。

お子さんの「ことばの発達」の不安を抱える地域の親御さんからは、おかげ様で大変好評です。現在は私のように言語聴覚士と連携して、お子さんの言語障害に対応できる歯科医師や矯正歯科医師をもっと増やしていきたいと考え、協会を立ち上げる準備もしております。


最後になりましたが、本書を制作するにあたり監修を務めていただいた高松大学教授・元九州保健福祉大学教授・言語聴覚士の笠井新一郎先生にこの場をお借りして厚く御礼申し上げます。

【参考文献】

『ことばの遅れのすべてがわかる本』中川信子 監修／講談社
『図解 やさしくわかる言語聴覚障害』小嶋知幸 編／ナツメ社

6歳《ろくさい》までの「ことばの遅《おく》れ」の不安《ふあん》が消《き》える

2021年5月25日　初版第1刷
2021年9月8日　第2刷

著　者 ―――――――― 上里《こうざと》 聡《さとし》・山田《やまだ》有紀《ゆき》
発行者 ―――――――― 松島一樹
発行所 ―――――――― 現代書林
〒162-0053　東京都新宿区原町3-61　桂ビル
TEL／代表　03(3205)8384
振替00140-7-42905
http://www.gendaishorin.co.jp/
ブックデザイン ―――― 吉﨑広明(ベルソグラフィック)
イラスト ―――――― 江口修平
本文図表 ―――――― 宮下やすこ
編集協力 ―――――― 荒原 文・堺 ひろみ

印刷・製本：広研印刷(株)
乱丁・落丁本はお取り替えいたします。
定価はカバーに
表示してあります。

ISBN978-4-7745-1871-8 C0037